CLOUD – A Lei e a Prática

CLOUD – A Lei e a Prática

GUIA E PERGUNTAS FREQUENTES

2016

Fernando Resina da Silva
Catarina Pinto Correia
Inês Antas de Barros
Catarina Matias Mascarenhas
Maria de Lurdes Gonçalves
Pedro Fontes
Maria de Almeida Alves

Sandra Miranda Ferreira
Luis Carvalho
Pedro Duarte
Equipa Cloud Microsoft Portugal

CLOUD – A LEI E A PRÁTICA
AUTORES
Fernando Resina da Silva, Catarina Pinto Correia, Inês Antas de Barros, Catarina Matias Mascarenhas, Maria de Lurdes Gonçalves, Pedro Fontes, Maria de Almeida Alves Sandra Miranda Ferreira, Luis Carvalho, Pedro Duarte
EDITOR
EDIÇÕES ALMEDINA, S.A.
Rua Fernandes Tomás, n°s 76, 78 e 80
3000-167 Coimbra
Tel.: 239 851 904 · Fax: 239 851 901
www.almedina.net · editora@almedina.net
DESIGN DE CAPA
FBA.
PRÉ-IMPRESSÃO
EDIÇÕES ALMEDINA, S.A.
IMPRESSÃO E ACABAMENTO
PAPELMUNDE

Fevereiro, 2016
DEPÓSITO LEGAL
406069/16

Os dados e as opiniões inseridos na presente publicação são da exclusiva responsabilidade do(s) seu(s) autor(es).
Toda a reprodução desta obra, por fotocópia ou outro qualquer processo, sem prévia autorização escrita do Editor, é ilícita e passível de procedimento judicial contra o infrator.

Biblioteca Nacional de Portugal – Catalogação na Publicação

CLOUD – A LEI E A PRÁTICA

Cloud – a lei e a prática : guia e perguntas frequentes
ISBN 978-972-40-6504-5

CDU 347

ÍNDICE

Nota Introdutória VdA 9

Nota Introdutória Microsoft 11

GUIA | *Cloud* – A LEI E A PRÁTICA 13

Capítulo 1 | Enquadramento 15

Capítulo 2 | Contratos 25
    I. Contrato *cloud* 25
    II. Mecanismos de celebração do contrato 28
    III. Conteúdo do contrato e sua negociação 30
    IV. Alteração unilateral dos serviços pelo Prestador de Serviços 31
    V. Atualização de preços 32
    VI. Escolha de lei aplicável e tribunais 32
    VII. Entidades beneficiárias dos serviços 34

Capítulo 3 | SLA e Responsabilidade 35
    I. SLA 35
    II. Disponibilidade dos serviços *cloud* e continuidade da prestação
       do serviço 36
    III. Reposição do serviço 37
    IV. Localização da informação/dados do Cliente 38
    V. Acesso a *software* e manutenção do mesmo 39
    VI. Interoperabilidade de serviços e portabilidade dos dados 39
    VII. Âmbito e limitação da responsabilidade do Prestador de Serviços *cloud* . . 40

CLOUD – A LEI E A PRÁTICA

VIII. Responsabilidade pela perda, destruição ou acesso indevido
    à informação armazenada 41
IX. Disclaimers do Prestador de Serviços *cloud* 41
X. Acesso à informação por terceiras entidades 41
XI. Transição no fim do contrato e mecanismos de migração 42

Capítulo 4 | Propriedade dos Dados e Direitos de Propriedade Intelectual . . . 43
I. Propriedade dos dados armazenados na *cloud* 43
II. Titularidade dos direitos de propriedade intelectual 45
III. Concessão de licenças (ou sublicenças) pelo Prestador de Serviços
    e direitos de terceiros 45
IV. Mecanismos de *notice and take down* que obriguem os Prestadores
    de Serviços *cloud* a remover material que infrinja direitos
    de propriedade intelectual 46
V. Portabilidade dos conteúdos digitais protegidos por direito de autor . . . 47

Capítulo 5 | Privacidade e Proteção de Dados Pessoais 49
I. Introdução 49
II. Lei aplicável ao tratamento de dados pessoais 50
III. Classificação do tipo de dados pessoais 52
IV. Responsabilidade pelo tratamento dos dados armazenados na *cloud* . . . 53
V. Regulação da relação com o Prestador de Serviços. 54
VI. Obrigações do Prestador de Serviços em matéria de proteção de dados
    pessoais. 55
VII. Controlo do Cliente sobre os dados pessoais na *cloud* 59
VIII. Acesso aos dados armazenados na *cloud*. 60
IX. Localização dos dados e transferência internacional de dados 62
X. Legalização do tratamento de dados pessoais 66
XI. Perda de dados e obrigações de notificação de *data breaches*. 69
XII. Certificação dos Prestadores de Serviços 71

Capítulo 6 | *Compliance* 73

Capítulo 7 | Proteção do Consumidor 75
I. Requisitos específicos em matéria de proteção do consumidor 75
II. Principais direitos dos consumidores 76

Capítulo 8 | Especificidades do Armazenamento de Dados
    de Entidades Públicas 77
I. Introdução 77

ÍNDICE

II. Prestação de serviços *cloud* ao Estado e demais entidades públicas 78
III. Adoção de especiais cuidados na escolha do Prestador de Serviços
e no tipo de *cloud* 80
IV. Riscos relativos ao controlo da informação por parte das entidades
públicas e à perda da soberania do Estado 81
V. Requisitos específicos aplicáveis ao armazenamento de informação
protegida por segredo de Estado e demais informação classificada 82
VI. Credenciação de segurança 87
VII. Requisitos de acesso a informação pública e/ou de entidades públicas . 88

Capítulo 9 | Contratação Pública e Aspetos Financeiros 91
I. Contratação Pública 91
II. Fiscalização prévia do Tribunal de Contas 104
III. A relevância da Lei dos Compromissos
– "o documento de compromisso" 105

PERGUNTAS FREQUENTES| *Cloud* – A LEI E A PRÁTICA 107

Respostas a Perguntas Frequentes 109
Grupo 1 | Localização e Proteção de Dados Pessoais 109
Grupo 2 | Segurança e Conformidade 113
Grupo 3 | Preço dos Serviços e Licenciamento 116
Grupo 4 | Responsabilidade e Penalizações 116
Grupo 5 | Dados de Entidades Públicas 117
Grupo 6 | Contratação Pública 119
Grupo 7 | Outras Disposições Contratuais e Questões Genéricas 122

ANEXOS 125

Anexo I | Mercado Único Digital 127
Anexo II | Dados Sigilosos 129
Anexo III | Marcas e Graus de Segurança 133
Anexo IV | Descrição do Processo de Credenciação 135
Anexo V | Critérios Materiais de Seleção do Ajuste Direto 137
Anexo VI | Legislação e Demais Documentação Analisada 141
1. Legislação e Convenções 141
2. Outra Documentação 144

NOTA INTRODUTÓRIA **VDA**

Os serviços *cloud* vieram para ficar! Passada uma fase inicial de algum ceticismo, constatamos hoje um crescimento exponencial, tanto da oferta, pelo lado dos prestadores de serviços, como da sua utilização, por parte dos cidadãos, empresas e entidades públicas.

Passo a passo vão-se descobrindo e confirmando as virtualidades desta forma de usufruir de serviços de tecnologias de informação, agora reforçadas pelas diferentes iniciativas da Comissão Europeia e da sua intenção de tornar a Europa líder neste setor.

Mas se cada vez mais se generaliza a utilização dos serviços *cloud*, existem no entanto e ainda alguns receios decorrentes, em regra, do desconhecimento das normas que regem as diferentes componentes deste novo serviço. O facto de poderem estar envolvidas diferentes geografias e dos dados poderem "viajar" entre diferentes ordenamentos jurídicos, constitui o principal fator de preocupação.

A realidade, porém, é que existe, mesmo se disperso e em algumas matérias ainda sumário, todo um enquadramento jurídico e legal que regula esta atividade e que é essencial conhecer para assegurar que os utilizadores, ou seja os clientes, tenham acesso a um serviço seguro e de qualidade.

Este Guia pretende precisamente abordar as vertentes jurídicas e legais envolvidas nos serviços *cloud*, elucidando o leitor sobre os diversos aspetos a ter em conta aquando da sua contratação e da escolha do prestador a quem pretende confiar a sua informação. Esta abordagem é acompanhada e articulada com a visão prática e técnica da autoria da Microsoft, com quem desenvolvemos um verdadeiro trabalho de equipa.

Este texto, na sua componente jurídica e legal, foi elaborado por diversos advogados e colaboradores da VdA, de diferentes áreas de prática, havendo no entanto que realçar o contributo de Catarina Matias Mascarenhas e de Maria de Lurdes Gonçalves, que, com o autor destas linhas, coordenaram todo o projeto, bem como de Catarina Pinto Correia, Inês Antas de Barros, Pedro Fontes e Maria de Almeida Alves.

Por último, um agradecimento à Microsoft pela oportunidade deste trabalho conjunto, que permitiu integrar duas componentes de serviços de tecnologia que muitas vezes, erradamente, andam desligadas: a técnica e a legal.

Lisboa, janeiro de 2016
Fernando Resina da Silva (Sócio, Vieira de Almeida & Associados)

NOTA INTRODUTÓRIA **MICROSOFT**

Vemos hoje no mercado uma tendência de transformação onde o "digital" é o novo lema. Surgem novos negócios, concorrentes dos negócios tradicionais, onde as capacidades tecnológicas são aprovisionadas, e não adquiridas ou alugadas, onde os ativos são informação e tecnologia, onde os crescimentos são exponenciais e, muitas vezes, a valorização também. Nascidos em *startups* ou por transformação de negócios existentes, assentam em novos modelos de negócio, com fortes economias de escala e alcance global. O tempo de vida médio das empresas está a reduzir e novos negócios da era digital competem pela liderança de mercado.

Também nós, individualmente, enquanto clientes dos diferentes negócios, estamos numa evolução exponencial de sofisticação. Não só estamos mais informados mas também muitíssimo mais exigentes. Hoje percorremos mais de metade do nosso ciclo de compra antes do primeiro contacto com uma marca, esperamos sugestões *online* de acordo com as nossas preferências e convivemos num esbater de fronteiras entre o mundo físico e o digital, em múltiplos equipamentos, locais e situações. E, muitas vezes, atingimos um nível de experiência digital na nossa vida pessoal que supera o que conseguimos no local de trabalho, tornando o "digital" não só um fator de competitividade externa, mas também de atração e retenção de talento nas empresas.

A *Cloud* veio viabilizar muitas das capacidades necessárias aos novos negócios de hoje e à transformação digital dos negócios de ontem, democratizando o acesso a capacidades computacionais e tecnologia de ponta sem exigir avultados investimentos de aquisição tecnológica, apenas comportáveis por alguns. E, também por causa disso, veio atuar como um catalisador de inovação no mercado, acelerando processos de criação, flexibilizando processos de gestão, suportando crescimentos e reduções exponenciais, a par com a disponibilização de mais e melhores serviços a um ritmo e a uma escala antes impensáveis.

Não obstante o seu potencial, o caminho para a adoção de serviços *Cloud* requer confiança não só nos serviços a adotar, de um ponto de vista técnico, mas também no enquadramento jurídico e legal aplicável. É neste contexto que contribuímos para o presente documento, com a expectativa de ajudar a esclarecer as principais questões hoje presentes à volta do tema *Cloud*. Este livro conta com a preciosa colaboração da Vieira de Almeida & Associados e pretende ser um guia para todos aqueles que querem avançar com passos sólidos na adoção de serviços *Cloud*, enquanto parte integrante do seu caminho de sofisticação e/ou, no caso das empresas, da sua estratégia para uma posição competitiva mais sustentável e de futuro do seu negócio.

Procuramos desenvolver um trabalho rigoroso e exaustivo, que contou com o apoio de muitas pessoas na Microsoft, realçando o contributo da Sandra Miranda Ferreira, do Luís Carvalho e da Vanda Jesus por todo o trabalho realizado para a concretização do mesmo. A toda a equipa e à Vieira de Almeida & Associados deixo o meu agradecimento por criarem este manual que tão bem associa as componentes jurídica, legal e técnica.

Lisboa, janeiro de 2016
João Couto (Diretor Geral da Microsoft Portugal)

GUIA | *CLOUD – A LEI E A PRÁTICA*

Capítulo 1 | Enquadramento

Porquê este guia?

As melhores ideias são frequentemente as mais simples e têm nomes que, hoje, associamos imediatamente à sua função (não terá sido assim quando surgiram). Vejam-se exemplos como "clip", "lâmpada", "atacador", *"post-it"*... Acreditamos que a mesma constatação poderá vir a ser feita sobre a *cloud* no que toca à simplicidade do conceito, mas o mesmo não se pode dizer do nome. Uma "nuvem" pode ter contornos obscuros, nebulosos. Contornos esses reforçados pelo facto do conceito em causa – a *cloud* – poder atravessar fronteiras, transformar negócios, democratizar o acesso à tecnologia, criar saltos quânticos de inovação e muito mais. Isto tudo num contexto onde a legislação vigente foi produzida antes da *cloud* ter as potencialidades e a expressão que tem hoje.

Porque a clareza dá lugar à confiança e à possibilidade de exercer melhor as escolhas necessárias, o presente documento procura ser um guia prático dos principais aspetos jurídicos a considerar na adoção de serviços *cloud* pelas empresas, organizações, entidades públicas ou pelos consumidores individuais (não profissionais), quer já utilizem ou pretendam utilizar esses serviços (por facilidade, estas entidades serão referidas em conjunto, ao longo deste guia, como "Cliente").

Este guia contém ainda um conjunto de respostas a perguntas frequentes que nos são colocadas por entidades privadas e públicas, reguladores e supervisores, empreendedores e clientes individuais. Não pretendemos que seja exaustivo, mas procurámos selecionar os aspetos mais frequentes e relevantes para esclarecer as questões que se colocam sobre o tema.

Um pouco de história, "sem nuvens"

O termo *"cloud computing"* foi utilizado pela primeira vez em 1996 por engenheiros da Compaq. Em 1997, já Steve Jobs lhe colocava o prefixo "i" (e assim o apresentava aos consumidores).

Mas o conceito subjacente da *cloud* no espaço empresarial é muito mais antigo. Foi na década de 1950 que surgiu a ideia de, em vez de uma única máquina, utilizar uma rede de computadores para otimizar o desempenho dos serviços informáticos para guardar, processar e partilhar informação.

A evolução desse conceito para os dias de hoje é uma rede global de servidores (computadores e programas que gerem os nossos recursos e dados) disponíveis naquilo a que chamamos atualmente *"cloud"* (nuvem). Esses servidores estão naturalmente em terra (de nuvem só o nome), e embora o princípio seja basicamente o mesmo que na década de 1950, a escala é incomparavelmente maior e foi tornada mais eficaz com a introdução, no século XXI, das ligações à Internet de alta velocidade.

Uma presença forte no dia-a-dia

Hoje é comum ver séries de TV num computador, ler mensagens de e-mail num telemóvel ou partilhar ficheiros a partir de um *tablet*. Em todas estas operações, a *cloud* está envolvida algures. Onde vão os dados, como chegam lá ou o que lhes acontece pelo caminho, são questões para as quais conseguimos obter resposta e que não são obstáculo à utilização dos serviços. Nestas operações, a simplicidade da *cloud* já faz parte do dia-a-dia.

Aqui ficam 12 exemplos de utilização comum da *cloud*:

1. Consultou as mensagens de e-mail no seu telemóvel hoje? O mais provável é estarem guardadas na *cloud*.

CAPÍTULO 1 | ENQUADRAMENTO

2. Consultou as notícias ou a meteorologia, ou a localização do próximo comboio para o seu destino? É muito provável que esses dados sejam geridos na *cloud*.

3. Fez uma pequena alteração numa folha de cálculo em Excel ou num documento em Word no seu telemóvel? É muito provável que isso tenha sido feito na *cloud*.

4. Enviou uma mensagem a alguém através do LinkedIn? As redes sociais, profissionais ou pessoais, são geridas na *cloud*.

5. Recebeu um ficheiro grande de um colega? Também é provável que lhe tenha sido enviado pela *cloud*.

6. Colaborou com uma equipa virtual num documento ou utilizou um *software* de comunicação, como o Yammer ou o Skype? Isso também aconteceu através da *cloud*.

7. Viu um vídeo no YouTube ou ouviu o Spotify hoje? Isso aconteceu graças à *cloud*.

8. Procurou um contacto no seu telemóvel? Hoje em dia, a maioria das listas de contactos está guardada na *cloud*.

9. Tirou e partilhou uma fotografia hoje? As aplicações de partilha de fotografias, como o Instagram, são possíveis por causa da *cloud*.

10. Viu Netflix ou outro serviço de TV *online*? Mais uma vez, *cloud*.

11. Jogou na sua consola? Os dados de vídeos e jogos na Internet são guardados na *cloud*.

12. Consultou a sua agenda para o dia seguinte? Pois é, os seus compromissos também estão, provavelmente, guardados na *cloud*.

Então o que é a *cloud*?

A computação em nuvem (o "*Cloud Computing*") ou somente "*Cloud*" pode ser definida como[1] um modelo ou paradigma de computação que disponibiliza

---

[1] Não existe uma definição legal de computação em nuvem, tendo a indústria vindo a estabelecer determinadas características que contribuem para a sua caraterização. Refira-se, para este efeito, a definição estabelecida pelo *National Institute of Standards and Technology* (NIST) dos Estados Unidos da América: "*Cloud computing is a model for enabling ubiquitous, convenient, on-demand network access to a shared pool of configurable computing resources (e.g. networks, servers,*

acesso via rede (dedicada ou Internet) a um conjunto partilhado de recursos de computação configuráveis (servidores, armazenamento, sistema operativo, rede, software, aplicações, etc.) que são:

(a) Aprovisionáveis a pedido do cliente (*self-service*), com mínimo esforço e mínima ou nenhuma interação com o prestador de serviços *cloud;*

(b) Rapidamente escaláveis, podendo ser aprovisionados e libertados, em alguns casos automaticamente, em função das necessidades do cliente;

(c) Multicliente;

(d) Atribuídos a cada cliente em função da procura;

(e) Medidos pelo consumo de cada serviço ou tipo de serviços como forma de controlar, reportar e transacionar com transparência o que foi efetivamente consumido (ou utilizado) por cada cliente.

Estas são as principais características que tornam o modelo *cloud* tão diferente de um *outsourcing* de centro de dados tradicional, e tão mais do que a virtualização de servidores (hoje já muito comum nos centros de dados). Um centro de dados altamente virtualizado não é sinónimo de computação em nuvem. Caso um cliente pretenda criar um modelo *cloud* no seu centro de dados, a virtualização é um passo importante para lá chegar, sendo os seguintes a criação das capacidades anteriormente indicadas, que caracterizam

storage, applications, and services) that can be rapidly provisioned and released with minimal management effort or service provider interaction." (disponível em http://csrc.nist.gov/publications/nistpubs/800-145/SP800-145.pdf).
Veja-se também a definição da *Cloud Security Alliance* (https://cloudsecurityalliance.org/csaguide.pdf). Também a nível europeu, o Parecer n.º 05/2012 do Grupo de Trabalho do Artigo 29.º (um organismo consultivo europeu em matéria de proteção de dados e privacidade composto pelas Autoridades de Proteção de Dados dos Estados-Membros da União Europeia) sobre computação em nuvem, de 1 de julho de 2012, define o *Cloud Computing* como um "(...) *conjunto de tecnologias e modelos de serviços centrados na utilização e fornecimento via Internet de aplicações informáticas, de capacidade de tratamento e armazenamento e de espaço de memória.*".
Por fim, e por ser mais recente, atente-se na definição do *standard* internacional ISO/IEC 17788:2014, aprovado pela *International Organization for Standardization* ("ISO") e pela *International Electrotechnical Commission* ("IEC") em 15 de outubro de 2014, o qual estabelece os termos e vocabulário sobre os serviços *cloud*, definindo o *Cloud Computing da seguinte forma*: "*Paradigm for enabling network access to a scalable and elastic pool of shareable physical or virtual resources with self-service provisioning and administration on-demand. (...) Examples of resources include servers, operating systems, networks, software, applications, and storage equipment.*"

CAPÍTULO 1 | ENQUADRAMENTO

e potenciam os benefícios de uma *cloud*. A opção de criar uma *cloud* própria tem, contudo, custos iniciais e de execução muito relevantes, que podem ser proibitivos para muitas empresas.

Principais benefícios

É um facto comummente aceite que a *cloud* permite gerar importantes benefícios.

Independentemente da sua localização e do equipamento utilizado, as empresas, as entidades públicas e os utilizadores em geral beneficiam da eficiência e flexibilidade de oportunidades tecnológicas, tendo a possibilidade, por exemplo, de aceder e utilizar as mais recentes tecnologias[2] e aplicações à medida das suas necessidades, sem que tal implique um forte investimento em *hardware* e/ou *software*.

Um cliente pode ter acesso a tecnologias de topo a um custo acessível, ligar e desligar recursos de acordo com as suas necessidades, pagar apenas o que usa de acordo com os consumos efetivos, ter menor impacto ambiental e eliminar/minimizar as suas preocupações com a compra de equipamento para o centro de dados, a compra de licenças de *software*, o espaço de armazenamento, a fiabilidade dos serviços ou a recuperação de desastres, entre outros.

Para além disso, a simplicidade de utilização de capacidades na *cloud* faz com que o seu alcance se estenda muito para lá do departamento de tecnologias de informação de uma organização. Trata-se de tecnologia, sim, mas muitas das capacidades passaram a ser acessíveis a utilizadores não "técnicos".

Tecnologias inovadoras e capacidades de computação anteriormente só acessíveis a empresas e instituições com forte capacidade financeira, estão hoje disponíveis para escolas, estudantes, investigadores, pequenas e médias empresas, empreendedores e curiosos. A *cloud* veio democratizar o acesso à

---

[2] A propósito da tecnologia 'Internet das Coisas" (IdC) ou *Internet of Things* (IoT), veja-se o relatório da Comissão Europeia, publicado a 28 de fevereiro de 2013, resultante da consulta pública sobre as regras para os dispositivos eletrónicos inteligentes. Disponível para consulta em: https://ec.europa.eu/digital-agenda/en/news/conclusions-internet-things-public--consultation. Em março de 2015, a Comissão Europeia criou a AIOTI que lhe dará apoio neste domínio.

tecnologia e potenciar com isso uma onda de inovação com impactos exponenciais nos últimos anos e nos que se anteveem.

Alinhando conceitos

Os serviços de computação em nuvem ou serviços cloud correspondem aos serviços prestados via *Cloud Computing* pelo prestador de serviços *cloud* (designado também ao longo deste guia como "Prestador de Serviços").

Atentas as características técnicas, é usual proceder-se à seguinte distinção:

Tipos de *Cloud*	
***Cloud* Privada**	*Cloud* dedicada a uma organização individual que é gerida internamente ou por um terceiro. Por ser acessível apenas por uma organização, é tipicamente considerada como tendo maiores níveis de segurança e privacidade (sendo que alguns prestadores de *cloud* pública advogam níveis equivalentes de proteção, ver caracterização adiante).
***Cloud* Comunitária**	*Cloud* dedicada a um conjunto de organizações com requisitos semelhantes, gerida por uma ou mais das organizações participantes ou por um terceiro.
***Cloud* Pública**	*Cloud* partilhada por diferentes organizações, sendo gerida por um Prestador de Serviços especializado. O facto dos vários Clientes partilharem os mesmos recursos não quer dizer que um cliente possa aceder aos ativos do outro. Ainda assim, é crítica a seleção do Prestador de Serviços de forma a que os níveis de proteção pretendidos pelo cliente sejam assegurados.[3]
***Cloud* Híbrida**	Combinação de serviços prestados numa *cloud* privada com serviços adquiridos numa *cloud* pública.

CAPÍTULO 1 | ENQUADRAMENTO

Com a evolução da tecnologia, são diversas as designações atribuídas aos tipos de serviço de computação em nuvem. Tradicionalmente, os serviços de computação em nuvem subdividem-se nos seguintes modelos de serviço[4]:

Modelos de serviço *Cloud*	
IaaS *(Cloud Infrastructure as a Service)*	O prestador de serviços *cloud* disponibiliza o acesso a recursos de infraestrutura tecnológica (servidores, armazenamento, redes, etc.).
SaaS *(Cloud Software as a Service)*	O prestador de serviços *cloud* disponibiliza o acesso a *software* e aplicações (o Cliente não tem de se preocupar com a gestão da infraestrutura tecnológica ou da plataforma que suporta essas aplicações).
PaaS *(Cloud Platform as a Service)*	O prestador de serviços *cloud* disponibiliza o acesso à plataforma (ambiente que permite ao Cliente desenvolver e gerir as suas aplicações na *cloud* – situação intermédia entre *IaaS* e *SaaS*).
DevaaS *(Development as a Service)*	O prestador de serviços *cloud* disponibiliza o acesso as ferramentas de desenvolvimento *web-based* partilhadas.
EaaS *(Everything as a Service)*	O prestador presta um serviço completo, na *cloud* incluindo infraestrutura, plataformas, *software*,serviços de suporte.

[3] Como exemplo, a Microsoft gasta em segurança dos seus serviços *cloud*, desde a concepção à operação, o equivalente ao investimento em segurança acumulado de muitas empresas no mercado. Porque os serviços são multi-cliente, ganham economias de escala que permitem investimentos muito superiores ao de uma só empresa, e que beneficiam todos os Clientes do serviço. Isto permite incorporar nos serviços as melhores práticas da indústria e as mais avançadas tecnologias de segurança disponíveis.

[4] Vejam-se outros exemplos como HaaS (*Hardware as a Service*) ou CaaS (*Communications as a Service*).

A lei e a prática – os próximos capítulos

A utilização de serviços de *Cloud Computing*, seja por uma empresa, entidade pública ou consumidor deve ser precedida da análise de algumas questões jurídicas.

De facto, os serviços na nuvem implicam também novos desafios. Assim, o utilizador individual enquanto consumidor[5], a empresa, a organização ou a entidade pública que pretenda contratar serviços *cloud* deve avaliar se, no caso concreto e face ao regime legal e/ou regulatório aplicável (como, por exemplo, no caso do setor bancário e segurador, da saúde, etc.), a utilização de serviços *cloud* está sujeita a autorizações ou obrigações de informação às entidades de regulação/supervisão do setor e quais os cuidados a considerar para controlo da localização física dos dados.

No domínio específico contratual, e dependendo das componentes envolvidas (*software*, plataforma e infraestrutura), o Cliente deve procurar acautelar as matérias com maior impacto no seu negócio.

Deste modo, se o serviço respeitar à utilização de infraestrutura que facilita a comunicação e colaboração entre vários intervenientes, permitindo-lhes partilhar recursos e materiais, o Cliente deve assegurar a contratualização dos termos que regulam a propriedade intelectual e/ou o acesso a informação confidencial. Se, por seu turno, o serviço implicar a utilização de um *software* ou aplicação, o Cliente deve ter em consideração não só a forma de utilização do *software* (e se este é o adequado às finalidades pretendidas) como deve também promover o estabelecimento de regras de transferência dos dados a observar pelo Prestador de Serviços em caso de cessação do contrato, pois, caso contrário, tal facto pode ter impacto na atividade do Cliente.

---

[5] Considera-se consumidor aquele a quem sejam fornecidos bens, prestados serviços ou transmitidos quaisquer direitos, destinados a uso não profissional, por pessoa que exerça com carácter profissional uma atividade económica que vise a obtenção de benefícios (artigo 2.º da Lei n.º 24/96, de 31 de julho, na redação da Lei n.º 47/2014, de 28 de julho – a Lei de Defesa do Consumidor). Refira-se que igual conceito consta da Proposta de Diretiva do Parlamento Europeu e do Conselho sobre certos aspetos relativos aos contratos de fornecimento de conteúdos digitais [COM(2015) 634 final 2015/0287(COD)], de 9 de dezembro de 2015 ("Proposta de Diretiva Conteúdos Digitais"). Disponível para consulta em http://eur-lex.europa.eu/legal-content/PT/TXT/PDF/?uri=CELEX:52015PC0634&from=PT.

CAPÍTULO 1 | ENQUADRAMENTO

Existem ainda questões transversais que devem ser avaliadas em qualquer negociação, tais como a lei e jurisdição aplicável, o regime da responsabilidade e os níveis de serviço (SLAs).

Pretende-se, assim, nos próximos Capítulos deste guia, abordar as matérias que, de um ponto de vista jurídico, mais dúvidas têm suscitado por parte dos Clientes ou potenciais Clientes dos serviços *cloud*.

Saliente-se, no entanto, que não se pretende com este documento proceder a uma análise exaustiva ou elencar todas as questões jurídicas que o *Cloud Computing* e a adoção de serviços *cloud* podem suscitar. Trata-se de uma abordagem genérica às questões mais frequentemente colocadas pelos Clientes no processo de contratação dos serviços *cloud*, não atendendo às especificidades dos vários setores de atividade.

Este documento não pretende transmitir recomendações ou assessoria jurídica de qualquer espécie, devendo cada caso concreto ser objeto da respetiva análise jurídica. Por outro lado, saliente-se que, à data da publicação do documento, se encontram a decorrer diversas consultas públicas europeias, tendo inclusive já sido publicadas diferentes propostas de diretivas e regulamentos europeus, todos tendo em vista a implementação do Mercado Único Digital e que apenas de forma genérica são abordados no Guia (e na maioria dos casos em notas), pois ainda não constituem regras em vigor, podendo o seu conteúdo vir a ser alterado.[6]

---

[6] Para melhor enquadramento sobre as diversas propostas, veja-se o quadro constante do Anexo I.

Capítulo 2 | Contratos

I. Contrato *cloud*

1. À data, a ordem jurídica portuguesa não contem uma legislação específica no domínio dos contratos de serviços de *Cloud Computing*. Aplicam-se, assim, as regras vigentes para os contratos de prestação de serviços em geral.[7]

2. Independentemente da questão relacionada com a qualificação ou tipo contratual, matéria de que não nos ocuparemos neste documento, e atento o carácter global e massificado destes serviços, é prática do mercado (tal como já sucede com o licenciamento de *software* ou com a contratação de serviços de tecnologias de informação) a utilização pelos Prestadores de Serviços de termos e condições previamente

---

[7] A questão da qualificação do contrato não tem sido debatida pela doutrina ou jurisprudência portuguesa, embora se admita que com a publicação da Proposta de Diretiva Conteúdos Digitais e da Proposta de Diretiva do Parlamento Europeu e do Conselho relativa a certos aspetos que dizem respeito a contratos de vendas em linha de bens e outras vendas à distância de bens ("Proposta de Diretiva Vendas de Bens On line), ambas de 9 de dezembro de 2015, esta questão possa vir a ser mais discutida – ainda que estas propostas não regulem as matérias da qualificação, formação e validade dos contratos. Ver notas de rodapé números 9 e 12 *infra*. Disponíveis para consulta em: http://eur-lex.europa.eu/legal-content/PT/TXT/HTML/?uri= CELEX:52015PC0634&from= e http://ec.europa.eu/justice/contract/files/digital_contracts/dsm_digital_content_en.pdf.

CLOUD – A LEI E A PRÁTICA

elaborados, independentemente de o serviço ser ou não diretamente remunerado ou de este se destinar ao setor público ou ao setor privado (sem prejuízo das especificidades aplicáveis à contratação pública analisadas no Capítulo 9 deste guia). É, de facto, frequente estes contratos refletirem os *standards* da indústria, designadamente no que respeita aos conceitos comuns.

3. Sendo estes termos e condições aceites pelo Cliente – *i.e.*, limitando-se este a aderir ao seu conteúdo –, estes contratos são classificáveis como contratos de adesão ou contratos-tipo. É o que normalmente sucede nos contratos celebrados exclusivamente *online* e cujo início da prestação do serviço é imediata.

4. Já não estaremos perante um contrato de adesão se existir algum grau de individualização na elaboração ou discussão entre o Prestador de Serviços e o Cliente que permita influenciar os termos e condições contratuais (tais como os preços, o tipo de acesso aos serviços e os níveis de serviço aplicáveis), mesmo que nele se encontrem incluídas algumas cláusulas pré-elaboradas.

5. Em ambos os casos (contratos de adesão ou contratos negociados, mesmo que incluam algumas cláusulas pré-elaboradas), é aplicado o Regime Geral das Cláusulas Contratuais Gerais[8], o qual visa proteger a parte mais fraca e com menor poder negocial face a eventuais abusos do Prestador de Serviços. Por exemplo, são consideradas nulas as cláusulas que possam ser consideradas abusivas, tais como, por exemplo, cláusulas que excluam a resolução por incumprimento ou aquelas que consagram a favor do Prestador de Serviços a possibilidade de subcontratar sem o consentimento do Cliente, salvo se a identidade do terceiro constar do contrato[9].

6. Saliente-se no entanto que, atenta a importância crescente dos serviços de computação em nuvem e com vista a acelerar e aumentar a utilização do *Cloud Computing* em todos os setores da economia numa

---

[8] Estabelecido no Decreto-Lei n.º 446/85, de 25 de outubro.

[9] Artigos 12.º e 18.º, alíneas f) e l) do Decreto-Lei n.º 446/85, de 25 de outubro. A questão da subcontratação pode suscitar algumas questões práticas no domínio da *cloud,* atento o caráter tendencialmente global dos serviços. Contudo, a lista dos potenciais subcontratados pode ser inserida no contrato.

escala europeia e internacional, a Comissão Europeia adotou, uma estratégia para o *Cloud Computing* (através da comunicação *"Unleashing the Potential of Cloud Computing in Europe"*[10]) em 27 de setembro de 2012.

7. Para reforçar a confiança no comércio eletrónico e no desenvolvimento, bem como na segurança jurídica dos contratos de fornecimento de conteúdos digitais, incluindo, nesse sentido, os serviços *cloud*, o legislador europeu entendeu que seria útil, e numa tentativa menos ambiciosa do que aquela que se pretendia para a consagração de um direito europeu comum da compra e venda, apresentar duas propostas de diretivas relativas ao fornecimento de conteúdos digitais e venda de bens *online*[11], sem prejuízo de um eventual modelo contratual europeu

---

[10] "Explorar plenamente o potencial da computação em nuvem na Europa", disponível em http://ec.europa.eu/information_society/activities/cloudcomputing/docs/com/com_cloud.pdf.
A Comissão Europeia tinha proposto concretizar até ao final de 2013 as seguintes ações: *(i)* desenvolvimento com os *stakeholders* de um modelo de termos e condições para os SLAs dos contratos para utilizadores profissionais de *Cloud Computing, (ii)* desenvolvimento de um modelo optativo de termos e condições contratuais para as PME e consumidores individuais, no âmbito da proposta de direito europeu comum da compra e venda (standardização dos termos e condições contratuais principais), *(iii)* revisão das cláusulas contratuais tipo relativas à transferência de dados pessoais e aprovação, a nível nacional, de regras obrigatórias para as empresas prestadoras de serviços *Cloud*, e *(iv)* implementação com a indústria de um Código de Conduta relativo à aplicação uniforme de normas de proteção de dados pessoais. Veja-se mais informação em: http://eur-lex.europa.eu/LexUriServ/LexUriServ.do?uri=COM:2012:0529:FIN:EN:PDF.

[11] Proposta de Regulamento do Parlamento Europeu e do Conselho Relativo a um Direito Europeu Comum da Compra e Venda optativo [COM(2011) 635 final] ("Common European Sales Law" ou "CESL") para consulta em http://eur-lex.europa.eu/LexUriServ/LexUriServ.do?uri=COM:2011:0635:FIN:PT:HTML.
Esta proposta, composta por um conjunto vasto de normas de direito substantivo relativo aos contratos de compra e venda, que as partes de um contrato transfronteiriço poderão, se assim o entenderem, aplicar aos contratos que celebrem, parece ter sido, nesta fase, "abandonada", tendo a Comissão Europeia, e com vista à necessidade de acompanhar os crescentes desafios da era digital e no âmbito das medidas que visam a implementação do Mercado Único Digital, apresentado, em 09.12.2015, uma iniciativa legislativa composta por duas propostas de Diretiva, embora com a particularidade de se aplicarem apenas à relação entre fornecedor e consumidor (B2C): a Proposta de Diretiva Conteúdos digitais e a Proposta de Diretiva Venda de Bens *Online*. Veja-se a comunicação da Comissão Europeia a este respeito disponível em https://ec.europa.eu/transparency/regdoc/rep/1/2015/PT/1-2015-633-PT-F1-1.PDF.

CLOUD – A LEI E A PRÁTICA

e cláusulas contratuais gerais específicas para os serviços *cloud* dirigidos a consumidores e a pequenas e médias empresas.

Neste contexto, o Grupo de Trabalho para os Contratos de Serviços *Cloud* discutiu a necessidade de clarificar matérias como a própria caraterização dos serviços virtualizados; o tipo de informação a prestar ao Cliente e a forma como a mesma deve ser comunicada (linguagem simples, acessível e compreensível); a forma unilateral como os Prestadores de Serviços *cloud* podem alterar as suas condições contratuais; a forma como são prestados os serviços e a qualidade dos mesmos; as regras de subcontratação e as questões de segurança associadas, assim como a propriedade da informação. A definição de regras legais específicas aplicáveis aos serviços *cloud* tem em vista atenuar os constrangimentos que resultam da prestação de um serviço a nível mundial dada a existência de regras legais estaduais que podem ser diversas e aplicar-se simultaneamente ao mesmo serviço.

8. Reconhecida a importância desta componente contratual, foi neste âmbito que foram apresentadas à Comissão Europeia as Orientações relativas aos Níveis de Serviço na *Cloud* ("*Cloud Service Level Agreement Standardisation Guidelines*"), datadas de 24 de junho de 2014[12], num claro reconhecimento de que a padronização de aspetos de qualidade de serviço melhorará a clareza e compreensão dos acordos relativos à *Cloud*.

II. Mecanismos de celebração do contrato

9. Os contratos de serviços *cloud* podem ser celebrados presencialmente, à distância (incluindo os contratos celebrados através da Internet) ou fora do estabelecimento comercial[13], sem prejuízo das particularidades

---

[12] Disponível para consulta em: https://ec.europa.eu/digital-agenda/en/news/cloud-service-level-agreement-standardisation-guidelines.

[13] Regime Jurídico dos Contratos Celebrados à Distância ou Fora do Estabelecimento Comercial (Decreto-Lei n.º 24/2014, de 14 de fevereiro) e Regime Jurídico do Comércio Eletrónico (Decreto-Lei n.º 7/2004, de 7 de janeiro) que estabelece as regras sobre os requisitos de informação pré-contratual, o direito de livre resolução e as condições de entrega.

CAPÍTULO 2 | CONTRATOS

decorrentes das regras de contratação pública analisadas no Capítulo 9 deste guia.

10. As especificidades aplicadas ao regime de vendas à distância e fora do estabelecimento comercial são, na presente data, apenas aplicáveis aos contratos celebrados entre os Prestadores de Serviços e os consumidores.[14] Ou seja, não se aplicam aos contratos comerciais celebrados entre profissionais. Refira-se que, conforme acima salientado, encontra-se em discussão pelo Grupo de Trabalho dos Contratos *Cloud* a possibilidade de estabelecer cláusulas contratuais gerais aplicáveis igualmente às pequenas e médias empresas. Estas especificidades conferem um maior grau de proteção ao Cliente, estabelecendo obrigações de informação por parte do Prestador de Serviços e o direito de livre resolução[15].

11. As especificidades do regime de contratação eletrónica[16] (e.g., contratos celebrados *online* ou através de correio eletrónico), por seu turno, são aplicáveis tanto aos contratos celebrados entre profissionais como aos celebrados entre profissionais e consumidores. Este regime legal estabelece um modelo de formação do contrato mais complexo, tendo em vista assegurar a real compreensão por parte do Cliente dos serviços contratados.

---

[14] Refira-se que a Proposta de Diretiva do Parlamento Europeu e do Conselho relativa a certos aspetos que dizem respeito a contratos de vendas em linha de bens e outras vendas à distância de bens de 9 de dezembro de 2015 estabelece requisitos relativos aos contratos de compra e venda à distância celebrados entre o **vendedor** e o **consumidor**, designadamente as regras sobre a conformidade dos bens com o contrato e regras sobre o ónus da prova. Contudo, o seu âmbito não abrange a venda de bens que incorporam conteúdos digitais e em que estes bens funcionam unicamente como meios de transporte de conteúdos digitais (ex: DVD ou CD), nem é aplicável aos contratos de prestação de serviços. Por seu turno, de acordo com a Proposta de Diretiva Conteúdos Digitais, a mesma aplica-se a bens como o DVD e o CD, na medida em que são conteúdos digitais fornecidos num suporte duradouro, independentemente de serem vendidos à distância ou presencialmente.

[15] Veja-se o artigo 10.º do Decreto-Lei n.º 24/2014, de 14 de fevereiro. Durante o período de 14 (catorze) dias contado nos termos deste artigo, os serviços não são iniciados, funcionando este prazo de 14 dias como uma condição suspensiva. Caso os serviços tenham tido início antes de decorrido o período de 14 dias a pedido do Cliente, e se o Cliente exercer o direito de livre resolução, deve ser pago ao prestador do serviço um montante proporcional ao que foi efetivamente prestado até ao momento da comunicação da resolução.

[16] Decreto-Lei n.º 7/2004, de 7 de janeiro.

CLOUD – A LEI E A PRÁTICA

Por exemplo, nos casos dos contratos *online* com consumidores, o legislador previu um sistema de "duplo clique", exigindo assim uma dupla confirmação por parte do Cliente, reiterando a aceitação da encomenda.

Este esquema do "duplo clique" não é, no entanto, aplicável aos contratos entre profissionais que dispensam expressamente esta formalidade[17].

III. Conteúdo do contrato e sua negociação

12. Não existindo legislação específica aplicável aos contratos de serviços *cloud*, dada a própria característica destes serviços residentes na "nuvem", importa, previamente à celebração de qualquer contrato, que o Cliente proceda à identificação (através de uma *checklist*[18]) das principais matérias a acautelar tendo em vista as regras aplicáveis ao setor de atividade em que atua e/ou às especificidades do seu negócio em concreto. Na verdade, tal como em qualquer contrato, o conteúdo dos contratos *cloud* pode e deve ser adaptado às necessidades específicas do Cliente.

13. Existem, no entanto, matérias comuns nos contratos de serviços *cloud* que, por esse motivo, foram sendo analisadas no âmbito do Grupo de Trabalho para os Contratos de Serviços *Cloud* a fim de avaliar a necessidade de as mesmas serem convertidas em cláusulas gerais específicas para a *cloud* harmonizadas dentro da União Europeia. A título de exemplo, tal é o caso das regras relativas à alteração do contrato, à duração do contrato[19], aos mecanismos de renovação e de denúncia, ao preço e impostos, à resolução por incumprimento, à lei aplicável, à integridade dos dados e à migração dos mesmos em caso de terminação do contrato (incluindo a transferência de eventuais licenças de *software*, quando aplicável, e de *software* do Cliente – código fonte e binários de *software* aplicacional

---

[17] Veja-se o artigo 29.º do Decreto-Lei n.º 7/2004, de 7 de janeiro.

[18] Para auxiliar na elaboração desta *checklist*, nomeadamente no caso dos Clientes/entidades públicas, vejam-se, por exemplo, os documentos da ENISA referidos no ponto 2. do Anexo VI a este guia.

[19] Existem duas modalidades de prazos contratuais: *(i)* o contrato com prazo fixo (com ou sem renovação) e *(ii)* o contrato sem prazo, que deve estabelecer um prazo de pré-aviso para terminação do mesmo a todo o momento ou após um período de duração mínimo.

–, bem como de ficheiros de dados armazenados nas componentes de *storage*), confidencialidade, transferência de dados pessoais, responsabilidade, indemnização, propriedade intelectual e níveis de serviço.

IV. Alteração unilateral dos serviços pelo Prestador de Serviços

14. Os serviços *cloud*, como qualquer serviço tecnológico, estão sujeitos a alterações que podem, ou não, implicar alteração dos serviços inicialmente contratados.

Veja-se, por exemplo, o caso da contratação de serviços que apresentam determinadas funcionalidades de início, mas que, mais tarde, em virtude da evolução tecnológica (por exemplo, introdução de *updates* de *software)* ou da introdução de novas funcionalidades (em muitos casos em benefício do Cliente) possam apresentar alterações. Estas alterações podem também ter impacto nos níveis de serviços (SLAs) ou conduzir à perda de funcionalidades anteriores particularmente relevantes para o Cliente.

15. Deste modo, é habitual a inserção de uma cláusula nos contratos a estabelecer um mecanismo de revisão dos serviços, onde se indica o tipo e o número de alterações autorizadas pelo Cliente num determinado período de tempo, uma vez que tais alterações podem obrigar o Cliente a proceder a adaptações.

16. A inserção de tal cláusula é permitida nos contratos de adesão ou nos contratos cujo mecanismo de revisão dos serviços resulte de uma cláusula contratual geral, mesmo nos contratos celebrados com consumidores, e ainda nos contratos de duração indeterminada, desde que esteja garantido que *(i)* o consumidor é previamente informado da alteração dentro de um prazo razoável e *(ii)* lhe é dada a faculdade de resolver o contrato, se não concordar com os novos termos[20].

---

[20] Artigo 22.º, n.º 2, alínea b) do Regime Geral das Cláusulas Contratuais Gerais. Refira-se que a Proposta de Diretiva Conteúdos Digitais, na linha dos princípios já estabelecidos para o regime das cláusulas contratuais gerais, clarifica que na contratação com consumidores, o fornecedor pode alterar os conteúdos digitais, tais como a "funcionalidade, interoperabilidade e outras características principais de desempenho dos conteúdos digitais tais como a sua acessibilidade, continuidade e segurança, na medida em que sejam suscetíveis de afetar

CLOUD – A LEI E A PRÁTICA

V. Atualização de preços

17. Não existe uma regra legal de atualização de preços aplicável aos contratos de serviços *cloud*. O preço e a sua atualização são fixados por acordo entre o Prestador de Serviços e o Cliente. Os contratos costumam incluir mecanismos de atualização automática por referência a determinados índices oficiais, como, por exemplo, a taxa de variação do Índice de Preços no Consumidor sem habitação (comummente designada por RPI). Podem, contudo, ser acordados outros índices.

VI. Escolha de lei aplicável e tribunais

18. As partes envolvidas num contrato podem estabelecer cláusulas de eleição da lei aplicável ao contrato e escolha do tribunal. Regra geral, a lei aplicável será a indicada no contrato e corresponde, na sua maioria, à lei do local de estabelecimento do Prestador de Serviços.[21][22] Pode igualmente ser estabelecido um mecanismo de resolução alternativa dos litígios (e.g., arbitragem, por oposição aos tribunais judiciais).

negativamente o acesso ou utilização dos conteúdos digitais por parte do consumidor, apenas se: *(i)* O contrato assim o estabelecer; *(ii)* o consumidor for notificado com antecedência razoável acerca da alteração mediante um aviso explícito num suporte duradouro; *(iii)* o consumidor puder rescindir o contrato, a título gratuito, no prazo de, pelo menos, 30 dias a contar da receção da notificação; e *(iv)* após a rescisão do contrato, forem facultados ao consumidor meios técnicos para recuperar a totalidade dos conteúdos fornecidos. Ver adiante Capítulo 7 e nota de rodapé n.º 71.

[21] Para este efeito, e tendo em consideração que este documento se reporta a serviços e não à venda de bens, importa atender ao regime previsto no Código Civil e no Regulamento (CE) n.º 593/2008 do Parlamento Europeu e do Conselho, de 17 de junho de 2008, sobre a lei aplicável às obrigações contratuais (Regulamento "Roma I"), incluindo a lei aplicável no ambiente digital. Na falta de escolha pelas partes da lei aplicável ao contrato e do tribunal, e para situações não especificadas, será aplicada a lei do país do contraente que deve efetuar a prestação característica. Caso não seja possível determinar a prestação característica da relação, dever-se-á atender ao critério da conexão mais estreita. Já nos contratos estabelecidos com consumidores, o Regulamento Roma I estabelece uma disciplina específica. O mesmo em relação à propriedade intelectual.

[22] Saliente-se que, nos contratos de adesão sujeitos ao regime legal português, a lei escolhida pelas partes poderá ser afastada por via do disposto neste regime.

CAPÍTULO 2 | CONTRATOS

19. Contudo, a escolha da lei reguladora aplicável ao contrato pode estar sujeita a restrições, pois todos os países possuem normas legais imperativas que são aplicáveis independentemente da lei indicada no contrato.

    É o que sucede, designadamente, com normas de proteção do consumidor: sempre que um consumidor português celebra um contrato, este tem a proteção que lhe é concedida pela lei portuguesa, mesmo que o contrato esteja sujeito a uma lei estrangeira (e desde que estejam verificados outros requisitos, como por exemplo o fornecedor dirigir as suas atividades a Portugal – como seja mediante um *site* escrito em português e com publicidade portuguesa).

20. Outras matérias estão igualmente sujeitas a regras específicas. Veja-se, por exemplo, o caso do regime legal aplicável ao tratamento de dados pessoais, estabelecido pela Lei de Proteção de Dados Pessoais em vigor ("LPDP")[23]. Neste caso, a lei portuguesa é aplicável aos tratamentos de dados pessoais efetuados por determinados Clientes e em determinadas circunstâncias, tal como referido no ponto II do Capítulo 5, independentemente de outras leis se considerarem aplicáveis à matéria contratual.

21. Por seu turno, em princípio, os tribunais competentes estão igualmente indicados no contrato e podem resultar da escolha das partes. Contudo, e uma vez mais, pode suceder que um Estado se considere competente para julgar um determinado processo que resulte de incumprimento contratual mesmo que as partes tenham atribuído competência a um tribunal de outro Estado[24].

---

[23] Lei n.º 67/98, de 26 de outubro.

[24] Veja-se a Lei n.º 41/2013, de 26 de junho ("Código de Processo Civil"), o Regulamento (UE) n.º 1215/2012 do Parlamento Europeu e do Conselho, de 12 de dezembro de 2012, relativo à competência judiciária, ao reconhecimento e à execução de decisões em matéria civil e comercial – aplicável apenas às ações judiciais intentadas, aos instrumentos autênticos formalmente redigidos ou registados e às transações judiciais aprovadas ou celebradas em 10 de janeiro de 2015 ou em data posterior, continuando a aplicar-se o Regulamento (CE) n.º 44/2001, de 16 de janeiro, relativo à mesma matéria ("Regulamento Bruxelas I") às decisões proferidas em ações judiciais intentadas, aos instrumentos autênticos formalmente redigidos ou registados e às transações judiciais aprovadas ou celebradas antes de 10 de janeiro de 2015 e abrangidas pelo âmbito de aplicação daquele Regulamento –, e a Convenção sobre o Reconhecimento e a Execução de Sentenças Arbitrais Estrangeiras, celebrada em Nova Iorque

CLOUD – A LEI E A PRÁTICA

VII. Entidades beneficiárias dos serviços

22. Dependendo dos termos do contrato, o serviço *cloud* pode beneficiar, por exemplo, as empresas que integram um determinado grupo societário, à semelhança do que sucede nas licenças de *software* corporativas. Não havendo uma previsão expressa no contrato, os serviços, em princípio, são prestados apenas ao Cliente que celebra o contrato com o Prestador de Serviços.

a 10 de Junho de 1958 e conhecida como a Convenção de Nova Iorque sobre o Reconhecimento e Execução de Sentenças Arbitrais de 1958 ("CNI 1958"), a qual vigora na ordem jurídica portuguesa desde 16 de janeiro de 1995.

No domínio da relação com o consumidor, refira-se ainda o regime da Lei n.º 144/2015, de 8 de setembro que estabelece o enquadramento jurídico dos mecanismos de resolução extrajudicial de litígios de consumo, transpondo a Diretiva 2013/11/UE, do Parlamento Europeu e do Conselho, de 21 de maio de 2013, sobre a resolução alternativa de litígios de consumo (Diretiva RAL). A Lei estabelece obrigações para as empresas e para as entidades que pretendam efetuar a resolução extrajudicial de litígios de consumo (entidades de RAL) e cria a Rede de Arbitragem de Consumo. A Direção-Geral do Consumidor é a autoridade nacional competente para acompanhar o funcionamento das entidades de RAL, competindo-lhe avaliar o cumprimento das obrigações previstas na Lei e organizar a inscrição e divulgação da lista de entidades de RAL estabelecidas em território nacional e previamente autorizadas. Ao Centro Europeu do Consumidor cabe prestar assistência aos consumidores no acesso à entidade RAL de outro Estado membro que seja competente para a resolução de um determinado litígio de consumo transfronteiriço e desempenhar a função de Ponto de Contacto nacional da Plataforma de RLL (ODR) – a plataforma eletrónica de resolução de litígios de consumo em linha (*online*), criada pelo Regulamento (UE) n.º 524/2013, do Parlamento Europeu e do Conselho, de 21 de maio de 2013 – relativamente a reclamações que tenham por objeto litígios nacionais ou transfronteiriços. A Plataforma de RLL (ODR) deverá estar em funcionamento a partir do dia 9 de janeiro de 2016 [no entanto, no site lê-se *"Thank you for visiting this site. Please note that it will be operational as of 15 February 2016."*]. As entidades de RAL estão obrigadas a aderir a esta Plataforma e a aceitar litígios nacionais e transfronteiriços, incluindo os litígios de consumo em linha (*online*) abrangidos pelo Regulamento que cria a Plataforma. Os fornecedores de bens ou prestadores de serviços estabelecidos em Portugal estão obrigados a informar os consumidores de forma clara, compreensível e facilmente acessível, sobre as entidades de RAL disponíveis ou a que se encontrem vinculados por adesão ou por imposição legal decorrente de arbitragem necessária, devendo também indicar o sítio eletrónico dessas entidades. Entretanto, entrou também em vigor o Regulamento de Execução (UE) n.º 1051/2015, da Comissão, de 1 de julho, relativo às modalidades do exercício das funções da plataforma de resolução de litígios em linha, do formulário eletrónico de queixa e da cooperação entre os pontos de contacto previstas no Regulamento (UE) n.º 524/2013.

Capítulo 3 | SLA e Responsabilidade

I. SLA

1. Uma componente muito importante dos contratos de serviços *cloud* é a matéria relacionada com os níveis de serviço (*"Service Level Agreement"* ou "SLA") designadamente no que respeita à *(i)* disponibilidade do sistema, *(ii)* à segurança dos dados e *(iii)* à reposição do serviço.

2. Atenta a relevância do estabelecimento dos níveis de serviço para o desenvolvimento e confiança dos serviços *cloud*, a Comissão Europeia emitiu as já aludidas *Cloud Service Level Agreement Standardisation Guidelines*. Estas orientações foram preparadas por um grupo de trabalho que inclui representantes da indústria dos serviços na *Cloud*, da *European Union Network and Information Security Agency* ("ENISA") e de utilizadores.

3. Pretende-se com estas orientações ajudar os Clientes (profissionais)[25] a assegurarem que os elementos essenciais estão incluídos no contrato em linguagem clara e objetiva, estabelecendo importantes princípios. Saliente-se a este respeito o enfoque dado à definição dos parâmetros e objetivos do serviço *cloud* (*"Service Level Objectives"* ou "SLO"), com vista à produção de níveis de serviço ("SLA") adequados aos serviços efetivamente contratados.

---

[25] Não obstante estas orientações se destinarem aos contratos estabelecidos entre profissionais, as mesmas podem igualmente orientar os contratos celebrados com consumidores.

4. São essencialmente tratadas nestas orientações as matérias de disponibilidade e reposição do serviço, segurança e de proteção de dados na *Cloud*, contribuindo, assim, para a harmonização dos contratos de níveis de serviço e para a clarificação de alguns conceitos, pretendendo permitir comparar ofertas de diferentes Prestadores de Serviços.
São inúmeros os exemplos de definições que podem ser consultados e vertidos para os contratos de serviços *cloud*.

II. Disponibilidade dos serviços *cloud* e continuidade da prestação do serviço

5. Os serviços *cloud* caracterizam-se pelo acesso a funcionalidades e capacidades dos sistemas que não são controlados pelo Cliente. Como tal, é essencial que o Prestador de Serviços garanta que os serviços não são interrompidos. É certo que não é viável uma garantia de disponibilidade do sistema a 100%. No entanto, é já normal a contratualização de disponibilidade acima dos 90%, dependendo do tipo de serviço contratado e dos termos em que o mesmo é remunerado.

6. Importa, por isso, assegurar que os dados são identificáveis e pesquisáveis tecnicamente, sendo a todo o momento possível obter o respetivo histórico, nomeadamente no que se refere a serviços destinados a setores como a banca, seguros ou outras atividades reguladas, onde a disponibilidade do serviço é de extrema importância.
É importante assegurar contratualmente que o Prestador de Serviços dispõe de mecanismos que visam evitar a perda de dados e permitem a continuidade do negócio em caso de ocorrerem incidentes no local onde os dados se encontram alojados (por exemplo, em caso de incêndio) ou em caso de avarias nas comunicações. Para prevenir estes casos, os sistemas do Prestador de Serviços devem permitir a realização de cópias de segurança (*backups*).
Esta informação deve ser do conhecimento do Cliente aquando da celebração do contrato, de modo a que este possa efetuar a sua própria análise de risco.

CAPÍTULO 3 | SLA E RESPONSABILIDADE

7. É habitual os contratos de serviços *cloud* estabelecerem a obrigação de o Cliente proceder a atualizações das funcionalidades ou *software* disponibilizados. Para tal, os sistemas do Prestador de Serviços devem permitir a realização destas cópias.

    Esta questão é de particular relevância prática quando a atualização implica proceder ao *upgrade* de tecnologia (nomeadamente *software*) que, em determinadas circunstâncias, pode colocar em causa o acesso pelo Cliente às funcionalidades nos termos exatamente disponibilizados até à data da atualização. Esta ocorrência pode originar uma alteração na prestação do serviço dando, consequentemente, o direito ao Cliente a resolver o contrato[26]. Atento este condicionalismo, os contratos devem regular as consequências associadas a eventuais restrições e constrangimentos técnicos na execução e prestação do serviço.

III. Reposição do serviço

8. Além da disponibilidade dos serviços, em matéria de níveis de serviço é igualmente importante regular as condições de reposição do serviço em caso de falha, devendo o Prestador de Serviços disponibilizar ao Cliente os períodos de tempo em que tal reposição deve ocorrer, consoante a criticidade da falha e o tipo de operação, pois nem todas as funcionalidades indisponíveis têm o mesmo impacto na atividade do Cliente.

    Os níveis de serviço relativos à reposição do serviço referem-se, em regra, aos prazos (horas, dias ou semanas) acordados entre as partes para colocar o serviço em funcionamento, de acordo com as funcionalidades e capacidades contratadas.

9. Como tal, e dependendo do tipo de serviço ou volume de capacidade e de funcionalidades associadas, o não cumprimento de SLAs de reposição do serviço pode ficar contratualmente sujeito ao pagamento de determinadas penalidades[27]. Para este efeito, o contrato estabele-

---

[26] Veja-se o ponto IV do Capítulo 2.

[27] As penalidades neste domínio são feitas por referência ao que no sistema jurídico português se designa por cláusula penal (compulsória ou indemnizatória), cujo regime se encontra regulado nos artigos 810.º e seguintes do Código Civil.

CLOUD – A LEI E A PRÁTICA

cerá mecanismos de monitorização ou de emissões de relatórios para cálculo do nível incumprido e respetivas penalidades.

IV. Localização da informação/dados do Cliente

10. A virtualização da infraestrutura com possíveis e diferentes localizações físicas dos dados pode suscitar algumas questões do ponto de vista regulatório e da própria atividade do Cliente e, consequentemente, ser gerador de responsabilidade para o Prestador de Serviço.
Na verdade, no âmbito dos serviços *cloud*, os dados poderão estar, em momentos diferentes da duração do contrato, armazenados (no todo ou em parte) em países que não são conhecidos pelo Cliente, dada a transferência e fluxo constante entre os centros de dados dos parceiros ou entidades subcontratadas pelos Prestadores de Serviços.
É, por isso, comum que os Prestadores de Serviços incluam no seu modelo de negócio e nos contratos a celebrar com os Clientes uma obrigação de manutenção e conservação dos dados numa determinada região ou uma obrigação de não transferir dados para países não identificados numa lista previamente acordada entre o Prestador de Serviços e o Cliente.
Esta questão é de igual importância no caso dos dados pessoais, atentas as restrições relativas à transferência de dados para fora da União Europeia.

11. Por outro lado, dada a sua relevância, esta matéria está muitas vezes associada ao estabelecimento de níveis de serviço decorrentes da disponibilidade ou reposição do serviço, os quais, por sua vez, devem ser cumpridos pelas entidades subcontratadas dos Prestadores de Serviços. Esta preocupação do Cliente leva ao estabelecimento, por parte do Prestador de Serviços, de determinados objetivos no domínio da localização dos dados, associados a certificações de processos para esses efeitos.

V. Acesso a *software* e manutenção do mesmo

12. Os serviços *cloud* baseiam-se no acesso às funcionalidades e capacidades da infraestrutura por contraposição ao acesso e instalação da infraestrutura nas instalações ou equipamentos do Cliente.
13. Em princípio, estes serviços são prestados de acordo com as necessidades do Cliente, permitindo o acesso às funcionalidades de *software* mais adequadas e úteis à sua atividade.
14. Dependendo das condições contratuais aplicáveis, o preço dos serviços – sejam estes prestados na modalidade de consumo ou na modalidade de subscrição –, poderá incluir o valor da licença de *software* e manutenção associada.

VI. Interoperabilidade de serviços e portabilidade dos dados

15. O Cliente deve assegurar-se – em momento prévio à contratação – que os serviços e os interfaces dos mesmos permitem a interoperabilidade com os seus sistemas, bem como com outros serviços e aplicações a que necessita aceder e que são independentes do sistema do Cliente.
16. É, assim, relevante conhecer a capacidade dos Prestadores de Serviços, nomeadamente a capacidade de conectividade externa, uma vez que, em alguns casos, os outros prestadores de serviços podem não residir na *Cloud* e manterem os sistemas residentes nas suas instalações (*in-house*).
17. No mesmos termos, cumpre assegurar a portabilidade dos dados e, para tal, verificar antes da contratação de serviços que o sistema, de um ponto de vista técnico, permite uma eventual transferência de dados, sem interrupção das atividades do Cliente. Como tal, o contrato deve permitir ao Cliente obter informação relativa ao formato técnico, interfaces e à possibilidade de extrair dados e se esta extração implica, ou não, custos adicionais.
18. Nesse sentido, é possível contratar serviços de suporte que visam responder a necessidades concretas do Cliente que não sejam suportadas pelas capacidades *standard* do serviço.

CLOUD – A LEI E A PRÁTICA

VII. Âmbito e limitação da responsabilidade do Prestador de Serviços *cloud*

19. O Prestador de Serviços responde perante o Cliente pelas perdas e danos causados ao Cliente em resultado do incumprimento das obrigações estabelecidas no contrato de prestação de serviços *cloud*. O Cliente é responsável perante o Prestador de Serviço pelo uso indevido e não autorizado dos serviços *cloud*, incluindo, entre outros, pela informação e dados por si colocados na *Cloud* e pelos acessos concedidos.

20. Os Prestadores de Serviços podem ser ainda responsáveis por perdas e danos resultantes do incumprimento de uma regra legal ou de um direito de terceiro. Estaremos, neste caso, perante responsabilidade extracontratual[28].

    Para dar alguns exemplos: no caso de um cidadão australiano criar um *blog* armazenado na *Cloud* do Prestador de Serviços, no qual ofenda uma pessoa, o Prestador de Serviços (onde quer que este se encontre sediado) poderá ser responsabilizado.

21. Ou seja, em princípio, de acordo com a legislação de comércio eletrónico[29], o Prestador de Serviços que se limita a armazenar dados não tem o dever de filtrar ou controlar os conteúdos alojados, pelo que não será, à partida, responsável pelos mesmos. Apenas o será no caso de esses conteúdos serem manifestamente ilícitos (o que pode suceder em casos associados a propriedade intelectual) ou no caso de, após conhecimento da ilicitude, não diligenciar no sentido de retirar o conteúdo ou impedir o acesso a esse mesmo conteúdo.

22. Refira-se que alguns países preveem a possibilidade de bloquear *sites* devido a violações de direitos de autor e outros determinam a possibilidade de criar filtros voluntários ou obrigatórios de URLs com pornografia infantil.

---

[28] Artigo 483.º do Código Civil.
[29] Artigos 12.º e seguintes da Lei n.º 7/2004, de 7 de janeiro.

VIII. Responsabilidade pela perda, destruição ou acesso indevido à informação armazenada

23. O Prestador de Serviços será responsável pela destruição ou pelo acesso indevido à informação armazenada se tal lhe for imputável e decorra, por exemplo, do incumprimento das suas obrigações contratuais. Isto é, se relacionado diretamente com os serviços prestados. O Cliente, por seu turno, é responsável por garantir que o acesso é apenas feito por pessoas autorizadas, devendo adotar as necessárias medidas para evitar o acesso indevido.

IX. *Disclaimers* do Prestador de Serviços *cloud*

24. Atento o exposto, o Cliente deve ser informado previamente à celebração do contrato com o Prestador de Serviços, das características do serviço (*e.g.*, funcionalidades, segurança, formato técnico, regras de exportação de dados, regras relativas a backups), a fim de permitir ao Cliente adquirir os elementos necessários à avaliação do risco.
25. Para além desta informação, é comum os contratos de serviços *cloud* incluírem cláusulas que enumeram as exclusões de garantia ou de responsabilidade por parte do Prestador de Serviços. Estas cláusulas são válidas de acordo com a legislação portuguesa desde que não constituam renúncias antecipadas a direitos (incluindo o direito a indemnização, designadamente por fixarem limites máximos de indemnização muito reduzidos) e estejam inseridas no quadro legal aplicável à responsabilidade contratual e extracontratual.

X. Acesso à informação por terceiras entidades

26. Em regra, apenas as pessoas/entidades autorizadas pelo Cliente podem aceder aos dados na *Cloud*. Existem no entanto casos em que entidades públicas (judiciais ou outras competentes) poderão aceder, ou determinar o acesso por terceiros, a estes dados.

A título de exemplo, esta possibilidade é conferida em Portugal aos órgãos de investigação criminal, desde que *(i)* devidamente munidos de decisão judicial para tal e *(ii)* apenas para efeitos de prevenção, investigação, deteção e repressão de crimes ou em casos de setores sujeitos a regulação e supervisão, uma vez cumpridos os requisitos legais aplicáveis.

XI. Transição no fim do contrato e mecanismos de migração

27. Esta é uma matéria essencial nos contratos de serviços *cloud*, tal como nos casos de subcontratação ou *outsourcing* de serviços de tecnologia de informação em geral, já que o Cliente irá confiar a um terceiro uma parte dos dados e informações muitas vezes relevantes ou essenciais para o seu negócio. Deste modo, importa assegurar contratualmente que os dados e as aplicações migradas para a *Cloud* devem no final do contrato reverter para o Cliente (ou para terceiro por este indicado) em condições que permitam uma utilização contínua, sem interrupção e com as mesmas funcionalidades.

    Tal implica o estabelecimento de um mecanismo de saída que regule a transferência ou migração do serviço, através da definição contratual dos procedimentos necessários à futura migração, nomeadamente, entre outros, das obrigações do Prestador de Serviços, prazo e custos, em particular no que respeita à relação contratual com consumidores.[30]

28. A questão dos custos é de extrema relevância, dado que pode condicionar a mudança de Prestador de Serviços (situação de "*lock-in*").

---

[30] De acordo com a Proposta Diretiva Conteúdos Digitais, nos contratos com consumidores, em caso de resolução, " (...) *o fornecedor deve fornecer ao consumidor os meios técnicos para recuperar a totalidade dos conteúdos fornecidos pelo consumidor e quaisquer outros dados produzidos ou gerados através da utilização, pelo consumidor, dos conteúdos digitais, na medida em que estes dados tenham sido conservados pelo fornecedor. O consumidor tem direito a recuperar o conteúdo, a título gratuito, sem grave inconveniente, num prazo razoável e num formato de dados geralmente utilizado*". Esta norma permite ao fornecedor o estabelecimento das respetivas regras, acautelando o interesse do consumidor. Ver adiante Capitulo 7 e nota de rodapé n.º 71.

Capítulo 4 | Propriedade dos Dados e Direitos de Propriedade Intelectual

I. Propriedade dos dados armazenados na *cloud*

1. Tendo em consideração as Linhas de Orientação para os Acordos de Níveis de Serviços *Cloud,* a informação pode seguir a seguinte classificação: *(i)* informação do Cliente; *(ii)* informação do Prestador de Serviços *e (iii)* informação gerada ou derivada do serviço *cloud.*

2. Como tal, a questão da propriedade dos dados depende do tipo de informação em causa e da conjugação de questões associadas às condições contratuais, propriedade intelectual, proteção de dados pessoais e confidencialidade, incluindo o segredo de negócio ou outro tipo de informação classificada.

   O debate incide, fundamentalmente, sobre a informação que não seja qualificada como dado pessoal ou que não seja protegida por propriedade intelectual.

3. No âmbito dos serviços *cloud* os dados e a informação são armazenados digitalmente (não estão contidos em qualquer suporte físico), podendo ser adicionados, removidos ou até gerar nova informação. Este fluxo constante de informação pode suscitar dúvidas quanto à propriedade dos dados colocados ou gerados no âmbito da própria *Cloud.*

CLOUD – A LEI E A PRÁTICA

4. O contrato desempenha uma importante função neste domínio, ao regular e definir quem é o titular da informação colocada e/ou gerada na *Cloud.*

5. Quando o contrato não regula a questão, e seguindo as Linhas de Orientação para os Acordos de Níveis de Serviços *Cloud,* em regra, a informação e/ou os dados colocados pelo Cliente ou geradas pelo uso por este do serviço cloud são propriedade daquele que coloca os dados na *Cloud*[31].

6. A informação derivada e gerada pelos serviços *cloud* tem sido muito debatida pelo Grupo de Trabalho dos Contratos *Cloud* na vertente relacionada com a possibilidade de utilização desta informação por parte dos Prestadores de Serviços.

   Nesse sentido, os contratos desempenham novamente um importante papel. Em regra, o Cliente é detentor da informação colocada na *Cloud*. Contudo, quando previsto no contrato, este pode atribuir à outra parte licenças para uso, no âmbito e atentos os fins dos serviços *cloud* contratados – estando estas licenças sujeitas, naturalmente, às regras de proteção de dados pessoais. A estipulação de uma lista de usos possíveis dos dados gerados no âmbito dos serviços *cloud* pelo Prestador de Serviços, ainda que tenham por base os dados dos Clientes, é admissível, sendo, por isso, relevante a leitura atenta dos contratos por parte dos Clientes na parte referente a estas licenças de uso, caso não queiram permitir determinados usos.

7. Por outro lado, é igualmente importante que o Cliente atenda às regras de eliminação dos dados em caso de cessação do contrato, bem como ao prazo durante o qual os mesmos estão disponíveis para efeitos de migração ou extração. Não sendo informação do Prestador de Serviços, este tem de cumprir alguns procedimentos antes de proceder à sua eliminação, sem prejuízo do que resulta do regime de proteção de dados pessoais descrito no Capítulo 5 deste guia[32].

---

[31] Veja-se o ponto 5.1. das "Linhas de Orientação para os Acordos de Níveis de Serviço *Cloud*".
[32] A este respeito, salientamos o mediático tema do "direito a ser esquecido", o direito que qualquer cidadão tem de não ver perpetuada *online* uma informação sobre si, que já tinha apagado ou que já não corresponde à verdade e que, por isso, lhe pode causar danos. Este tema tem sido bastante debatido tanto a nível nacional como comunitário, em face das inúmeras queixas recebidas pelas várias autoridades nacionais de proteção de dados em toda a Europa

CAPÍTULO 4 | PROPRIEDADE DOS DADOS E DIREITOS DE PROPRIEDADE INTELECTUAL

II. Titularidade dos direitos de propriedade intelectual

8. Esta questão coloca-se tanto do lado do Prestador de Serviços que pode deter direitos sobre a sua plataforma e informação armazenada, como do lado do Cliente relativa à informação armazenada, criada ou derivada dos serviços *cloud* e que é passível de ser protegida por propriedade intelectual ou explorada comercialmente.

9. Nesse sentido, e no domínio específico da negociação contratual, dependendo das componentes envolvidas (*software*, plataforma e infraestrutura), devem ser acauteladas as matérias com maior impacto no negócio do Cliente. Deste modo, se o serviço respeita à utilização de uma plataforma colaborativa, o Cliente deve assegurar os termos que regulam a utilização de matéria protegida por propriedade intelectual gerada na *Cloud*.

III. Concessão de licenças (ou sublicenças) pelo Prestador de Serviços e direitos de terceiros

10. Para prestar os serviços *cloud* sem violar direitos de terceiros, o Prestador de Serviços deve obter os direitos de utilização (licenças) necessários à prestação dos serviços e, em particular, necessários à disponibilização das funcionalidades ao Cliente.[33]

em relação aos motores de busca, por estes, alegadamente, não atenderem aos pedidos de eliminação de dados pessoais das suas pesquisas.

Por exemplo, em resultado de uma sentença do Tribunal de Justiça da União Europeia (TJUE) que consagrou o direito a ser esquecido, a Google foi obrigada a apagar dos resultados das suas pesquisas informação sobre um determinado utilizador que considerava aqueles dados caluniosos. A Google contestou a decisão mas acabou por acatá-la e criar um mecanismo que permite agora a qualquer pessoa, que se considera lesada por informação indexada pelo motor de busca, expor a situação e pedir que os dados sejam retirados da Internet.

À semelhança da Google – mas agora fora do mercado dos prestadores de serviços de "motores de busca" – a Microsoft veio anunciar a disponibilização de um formulário *online* aos seus Clientes a fim de tratar e dar resposta, de forma célere e eficaz, aos pedidos de exercício do "direito a ser esquecido" que lhe sejam dirigidos.

[33] Esta questão foi igualmente considerada na Proposta de Diretiva Conteúdos Digitais que estabelece que o fornecedor é responsável perante o consumidor em caso de falta de conformidade decorrente de atos de terceiros, tais como autorizações, podendo ter o direito de regresso contra estes terceiros.

CLOUD – A LEI E A PRÁTICA

11. Refira-se que o licenciamento adequado nem sempre é fácil no ambiente da *Cloud*, pois para determinados fins ou serviços é necessário proceder à adaptação ou customização de licenças já existentes.

12. Este é um elemento que o Cliente deve ter em consideração sempre que pensa migrar a sua informação para a *Cloud,* devendo discutir e negociar esta matéria com o Prestador de Serviços previamente à celebração do contrato, por forma a assegurar que o Prestador de Serviços obteve ou obterá as necessárias licenças relativamente aos programas que o Cliente pretende utilizar.

IV. Mecanismos de *notice and take down* que obriguem os Prestadores de Serviços *cloud* a remover material que infrinja direitos de propriedade intelectual

13. O mecanismo de *notice and take down* é aquele que exige que um Prestador de Serviços, perante um pedido de remoção de um titular de um direito que foi (alegadamente) violado – ou de quem o representa –, contacte o fornecedor do conteúdo que, alegadamente, viola a propriedade intelectual de terceiro e solicite que este se pronuncie sobre o pedido. Se o fornecedor do conteúdo não se pronunciar dentro de um determinado prazo, o Prestador de Serviços deve remover o conteúdo em causa. Se o fornecedor do conteúdo se opuser à pretensão, o Prestador de Serviços deve manter o conteúdo acessível.

14. A lei portuguesa não consagra o mecanismo de *notice and take down*. Nos termos da legislação portuguesa que regula o comércio eletrónico é necessário determinar, antes de mais, se o conteúdo é manifestamente ilícito. Um conteúdo é manifestamente ilícito quando a ilicitude na informação disponibilizada é clara e incontestável, primeiro para o prestador do serviço e, depois, para a entidade competente. Como exemplos de conteúdos manifestamente ilícitos destacam-se os conteúdos relativos a pornografia infantil, pedofilia, apologia ou incitamento à violência, ou apologia ou incitamento ao racismo e à xenofobia.

CAPÍTULO 4 | PROPRIEDADE DOS DADOS E DIREITOS DE PROPRIEDADE INTELECTUAL

15. Assim sendo, o Prestador de Serviços não fica obrigado a remover o conteúdo perante mero pedido do interessado – podendo optar por mantê-lo ou removê-lo, conforme considere mais adequado.

16. Importa, contudo, avaliar em cada caso se a lei portuguesa é a aplicável. Isto porque existem países onde o mecanismo de *notice and take down* é aplicável (França, Alemanha, Espanha e Polónia). No Reino Unido não é aplicável e em Itália tem aplicação limitada, pois exige a intervenção do regulador, pelo que, nestes casos, o Prestador de Serviços pode ficar obrigado a remover o conteúdo.

17. Ao remover o conteúdo ou ao impedir o acesso, o Prestador de Serviços deve informar o Cliente, fundamentando a sua decisão.

V. Portabilidade dos conteúdos digitais protegidos por direito de autor

18. Em termos de Propriedade Intelectual, vigora o princípio da territorialidade. Por exemplo, um inglês que coloca à disposição uma obra protegida por Direito de Autor (por ex.: um filme) no Reino Unido. O acesso a essa obra em Portugal terá de estar autorizado pelo(s) titulares do Direito de Autor.[34]

19. Nesse sentido, recentemente, no dia 9 de dezembro de 2015, foi publicada uma proposta de regulamento sobre a portabilidade transfronteiras dos serviços de conteúdos em linha[35], ao abrigo do qual, os utilizadores ao viajarem pela União Europeia terão acesso à sua música, filmes e jogos como se estivessem a aceder a partir do seu país.

---

[34] No que respeita ao Regulamento de Bruxelas I, o tribunal português pode ser competente caso a obra protegida por direito de autor seja acessível online a partir de Portugal (mesmo que o *upload* ou o armazenamento ocorra noutro lugar), podendo apenas pronunciar-se sobre o dano causado em Portugal. Veja-se o caso Pez Hejduk contra EnergieAgentur.NRW GmbH, Acórdão do Tribunal de Justiça de 22 de janeiro de 2015, processo C 441/13, disponível para consulta em: http://curia.europa.eu/juris/document/document.jsf?docid=161611&mode=ls t&pageIndex=1&dir=&occ=first&part=1&text=&doclang=PT&cid=172738

[35] Disponível para consulta em http://europa.eu/rapid/press-release_IP-15-6261_en.htm.

Esta regra, tal como as que se perspetivam a nível de revisão da Diretiva Satélite e Cabo e de existência de licenças para o acesso transfronteiras a conteúdos digitais, poderão ter um impacto positivo na evolução dos serviços em nuvem.

Capítulo 5 | Privacidade e Proteção de Dados Pessoais

I. Introdução

1. As questões jurídicas que se colocam a propósito do serviço *cloud*, em matéria de proteção de dados pessoais, têm que ver com o facto de os dados armazenados na *cloud* poderem ser "dados pessoais"[36] (*i.e.*, dados que direta ou indiretamente identificam uma pessoa singular[37]). Se assim for, o seu tratamento está sujeito às regras e orientações relativas ao tratamento de dados pessoais[38], seja as definidas por lei[39], seja

---

[36] Referimo-nos a dados pessoais de qualquer proveniência, isto é, sejam *(i)* dados de clientes (clientes individuais e de representantes ou colaboradores individuais de clientes empresariais), *(ii)* dados de trabalhadores ou *(iii)* dados de fornecedores/terceiros (designadamente, dos seus representantes individuais e pessoas de contacto).

[37] Uma pessoa é considerada "identificável" se puder ser identificada direta ou indiretamente, designadamente por referência a um número de identificação ou a um ou mais elementos específicos da sua identidade física, fisiológica, psíquica, económica, cultural ou social.

[38] "Tratamento de dados pessoais" refere-se, nos termos da LPDP, a qualquer operação ou conjunto de operações sobre dados pessoais, efetuadas com ou sem meios automatizados, tais como a recolha, o registo, a organização, a conservação, a adaptação ou alteração, a recuperação, a consulta, a utilização, a comunicação por transmissão, por difusão ou por qualquer outra forma de colocação à disposição, com comparação ou interconexão, bem como o bloqueio, apagamento ou destruição desses dados.

[39] Referimo-nos à legislação nacional e comunitária relevante, incluindo:
– a LPDP;
– a Lei n.º 46/2012, de 29 de agosto, que altera e republica a Lei n.º 41/2004, de 18 de agosto, relativa ao tratamento de dados pessoais e à proteção da privacidade no setor das comunicações eletrónicas ("Lei n.º 46/2012");

CLOUD – A LEI E A PRÁTICA

aquelas que decorrem das orientações das autoridades competentes no domínio da privacidade e proteção de dados pessoais[40].

2. A par das inúmeras vantagens no que se refere à agilidade, flexibilidade, escalabilidade e sustentabilidade das soluções, são apontadas, usualmente, duas categorias de risco no recurso à *cloud*, para as empresas e entidades públicas:

(a) A falta de controlo em relação aos dados pessoais; e

(b) A insuficiência de informação relativamente às operações de tratamento de dados (*i.e.*, a falta de transparência).

3. Estes riscos poderão ser, como veremos, devidamente acautelados mediante a adoção de uma série de medidas, ao nível operacional/prático e ao nível contratual.

4. Assim, conhecendo-se, por um lado, os riscos/preocupações associados ao serviço e, por outro, as obrigações que decorrem da lei e/ou demais orientações relativamente à prestação do mesmo, é possível extrair o máximo partido do recurso aos serviços *cloud* no âmbito da atividade de uma empresa e/ou entidade pública.

II. Lei aplicável ao tratamento de dados pessoais

5. Na medida em que existam dados pessoais a armazenar na *Cloud* – e, em especial, caso a *Cloud* e os serviços *cloud* associados se encontrem localizados fora de Portugal – será importante, como ponto prévio, determinar se a lei portuguesa[41] é aplicável ao(s) tratamento(s) de dados pessoais associado(s) que tal armazenamento na *Cloud* implique.

6. Assim, a lei portuguesa será aplicável aos tratamentos de dados pessoais efetuados:

– a Diretiva 95/46/CE (Diretiva de Proteção de Dados Pessoais – "Diretiva 95/46/CE");
– a Diretiva 2002/58/CE alterada pela Diretiva 2009/136/CE ("Diretiva ePrivacy").

[40] Referimo-nos aos pareceres e deliberações emitidas pela Comissão Nacional de Proteção de Dados ("CNPD") e aos pareces, opiniões e recomendações do Grupo de Trabalho do Artigo 29.º, um organismo consultivo europeu em matéria de proteção de dados e privacidade composto pelas Autoridades de Proteção de Dados dos Estados-Membros da União Europeia ("Grupo do Artigo 29.º").

[41] Desde logo, a LPDP.

CAPÍTULO 5 | PRIVACIDADE E PROTEÇÃO DE DADOS PESSOAIS

(a) No âmbito das atividades de um estabelecimento de um Responsável pelo Tratamento[42] situado em território português;

(b) Fora do território nacional, em local onde a legislação portuguesa seja aplicável por força do direito internacional; e

(c) Por um Responsável pelo Tratamento que, não estando estabelecido no território da UE, recorra, para tratamento de dados pessoais, a meios, automatizados ou não, situados no território português, salvo se esses meios só forem utilizados para trânsito através do território da UE.

7. Assim, face ao referido, será necessário perceber, nomeadamente, se o Cliente (que seja considerado como Responsável pelo Tratamento dos dados) está a contratar os serviços *cloud* – e, consequentemente a alojar os dados pessoais pelos quais é responsável – no âmbito de atividades de um **estabelecimento**[43] que esteja situado em território português ou se, por outro lado, sendo um Cliente não estabelecido no território da União Europeia, recorre a **meios**[44] para o tratamento

---

[42] Considera-se Responsável pelo Tratamento de dados a pessoa singular ou coletiva, a autoridade pública, o serviço ou qualquer outro organismo que, individualmente ou em conjunto com outrem, determine as finalidades e os meios de tratamento dos dados pessoais.

[43] O conceito de estabelecimento não se encontra definido na Diretiva 95/46/CE. Contudo, o considerando 19 do preâmbulo da Diretiva refere que *"o estabelecimento no território de um Estado-Membro pressupõe o exercício efetivo e real de uma atividade mediante uma instalação estável; (...) para o efeito, a forma jurídica de tal estabelecimento, quer se trate de uma simples sucursal ou de uma filial com personalidade jurídica, não é determinante."*. Este tema não é, no entanto, linear, uma vez que deve ser tido igualmente em consideração o entendimento do Grupo do Artigo 29.º e da CNPD. O Grupo do Artigo 29.º, no seu Parecer 8/2010 sobre a lei aplicável, de 16 de dezembro de 2010, dá como exemplos a possibilidade de um gabinete com uma única pessoa, enquanto elemento ativo das atividades em cujo contexto se proceda ao tratamento dos dados pessoais, poder ser considerado um estabelecimento, ou até de um mero agente poder ser considerado um estabelecimento relevante, caso a sua presença no Estado-Membro em causa seja suficientemente estável. A CNPD, por seu lado, tem também um entendimento relativamente abrangente (refira-se, a título de exemplo, que a existência de um mero apartado de correio poderá, nalguns casos, chegar para se considerar existir um estabelecimento para este efeito). É ainda necessário avaliar os termos em que os dados alojados na *Cloud* são ou não utilizados no contexto das atividades deste estabelecimento. Por último, note-se que um servidor ou um computador não são suscetíveis de ser qualificados como estabelecimento, mas podem ser considerados como "meios" para efeitos do referido na nota de rodapé seguinte.

[44] Tudo indica, de acordo com o entendimento do Grupo do Artigo 29.º (Parecer 8/2010 sobre a lei aplicável) que o critério dos "meios" deve ser interpretado de forma extensiva,

CLOUD – A LEI E A PRÁTICA

de dados pessoais (automatizados ou não) situados em território português (salvo se tais meios forem apenas utilizados para trânsito da informação através da União Europeia).

III. Classificação do tipo de dados pessoais

8. Os dados pessoais – de qualquer natureza e em qualquer suporte (automatizado ou não) – podem ser classificados como "sensíveis" ou "não sensíveis".
9. "Dados sensíveis" são os dados pessoais referentes a convicções filosóficas ou políticas, filiação partidária ou sindical, fé religiosa, dados de crédito e solvabilidade, dados referentes a suspeitas de atividades ilícitas, infrações penais e contraordenações, vida privada (incluindo som e imagem) e origem racial ou étnica, bem como os dados relativos à saúde e à vida sexual, incluindo os dados genéticos.
10. Assim sendo, todos os outros dados – que não caiam na categoria de dados sensíveis – são considerados dados não sensíveis.
11. Os dados podem ser sensíveis ou não sensíveis, independentemente da sua proveniência pública ou privada, bem como do setor de atividade do qual resultam (ex.: dados bancários, dados de seguradoras, dados de hospitais e unidades de saúde, etc.).
12. O tratamento dos dados pessoais sensíveis está sujeito a regras e requisitos mais apertados, desde logo por necessitar de autorização prévia da Comissão Nacional de Proteção de Dados ("CNPD") e por ser sujeito a especiais medidas de segurança.

---

desde logo incluindo intermediários humanos e/ou técnicos. Para este efeito, note-se que o Grupo do Artigo 29.º reconhece a possibilidade de a recolha de dados pessoais através de computadores dos utilizadores, como por exemplo no caso dos *cookies* ou faixas publicitárias em JavaScript, poder determinar a aplicação da legislação da UE em matéria de proteção de dados pessoais (e no caso a aplicação da LPDP) aos Prestadores de Serviços estabelecidos em países terceiros.

CAPÍTULO 5 | PRIVACIDADE E PROTEÇÃO DE DADOS PESSOAIS

IV. Responsabilidade pelo tratamento dos dados armazenados na *cloud*

13. Em face da diversidade de *players* associados ao *Cloud Computing*, é determinante aferir o papel de cada um, para que possam ser claramente identificadas as responsabilidades daí decorrentes.

14. Em regra, o Cliente assume-se como o "Responsável pelo Tratamento" dos dados, sendo o Prestador de Serviços considerado como um "Subcontratante[45]".

15. De facto, é o Cliente que determina, em última análise, as finalidades do tratamento e decide se quer subcontratar e delegar num terceiro parte das suas atividades de tratamento de dados pessoais.

16. É certo que, tratando-se de produtos comerciais pré-definidos, com condições *standard*, poderá afigurar-se algo complexo garantir ao Cliente uma margem de manobra e controlo relativamente a muitos dos aspetos relacionados com a proteção de dados pessoais.
Em qualquer caso, tem sido entendido que mesmo com estes constrangimentos é o Cliente que, no fim do dia, decide atribuir a um terceiro a gestão de um conjunto de operações de tratamento de dados pessoais (como o armazenamento e segurança) para determinadas finalidades, decisão que é fator chave para a caracterização do Cliente como Responsável pelo Tratamento.

17. É também o Cliente que decide que tipo de dados pessoais irá alojar na *Cloud*: se, por exemplo, os dados relativos ao seu negócio e clientes (que poderão conter dados de clientes individuais e/ou de representantes individuais de clientes empresariais) ou se apenas os dados dos seus trabalhadores (*i.e.*, dados relativos à gestão de recursos humanos).

18. Sendo o Cliente considerado como Responsável pelo Tratamento recairão sobre este todas as obrigações e responsabilidades decorrentes da lei, nomeadamente as de apenas tratar os dados para finalidades consentidas, adequadas e proporcionais, bem como devidamente notificadas e/ou autorizadas pela CNPD.

---

[45] Entende-se por entidade subcontratante a pessoa singular ou coletiva, a autoridade pública, o serviço ou qualquer outro organismo que trate os dados pessoais por conta do Responsável pelo Tratamento.

19. Neste contexto, é fundamental que no contrato/condições de adesão ao serviço *cloud* fiquem claramente delimitadas as responsabilidades dos vários intervenientes, desde logo ficando regulado que é o Cliente o Responsável pelo Tratamento dos dados.
20. Assim sendo, limitando-se o Prestador de Serviços a adotar as medidas de segurança pré-definidas e a seguir as instruções do Cliente relativamente a outros aspetos do tratamento de dados pessoais, este estará a atuar como mero Subcontratante, tratando os dados pessoais a que tem acesso/armazena em nome e por conta do Cliente (o Responsável pelo Tratamento).
21. Sem prejuízo do acima referido, podem existir situações específicas em que o Prestador de Serviços, por definir as finalidades e os termos em que os dados são tratados, pode ser considerado Responsável pelo Tratamento dos dados.

V. Regulação da relação com o Prestador de Serviços

22. Na medida em que a relação entre o Cliente e o Prestador de Serviços seja considerada uma relação de subcontratação, deverá existir um contrato escrito que estipule que o Prestador de Serviços:
    (a) Atua enquanto entidade subcontratante do Cliente;
    (b) Trata os dados pessoais a que acede de acordo com as instruções do Cliente; e
    (c) Implementa as medidas técnicas e organizativas adequadas para proteger os dados pessoais contra a destruição, acidental ou ilícita, a perda acidental, a alteração, a difusão ou o acesso não autorizados.
23. Para além destes elementos obrigatórios, é útil que o contrato contemple outras matérias relativas à proteção de dados pessoais. Em particular:
    (a) Clarificação das responsabilidades;
    (b) Detalhe das instruções que o Cliente poderá emitir;
    (c) Descrição das medidas de segurança que o Prestador de Serviços adotará, as quais deverão variar consoante o tipo de riscos e a natureza dos dados a tratar;

CAPÍTULO 5 | PRIVACIDADE E PROTEÇÃO DE DADOS PESSOAIS

(d) Declaração e garantia do Cliente em como cumpriu todas as obrigações que sobre si impendem em matéria de proteção de dados pessoais, relativamente ao titular dos dados[46] e à CNPD;

(e) Prazos de conservação dos dados a implementar pelo Prestador de Serviços, seguindo as indicações do Cliente, assim como indicação das medidas a adotar pelo Prestador de Serviços quando o prazo de conservação seja atingido (destruição[47]/devolução ao Cliente);

(f) Mecanismos de comunicação ao Cliente, nomeadamente da ocorrência de *data breaches*;

(g) Inclusão de situações em que o Prestador de Serviços poderá comunicar dados a terceiros indicados pelo Cliente;

(h) Procedimento a adotar no caso de migração de dados, incluindo responsabilidades do Prestador de Serviços, caso o Cliente pretenda migrar os dados para a *cloud* de um terceiro; e

(i) Assegurar que os Prestadores de Serviços não impõem medidas técnicas ou organizacionais que impeçam o cumprimento das obrigações em matéria de dados pessoais.

VI. Obrigações do Prestador de Serviços em matéria de proteção de dados pessoais

24. Não obstante ser o Cliente o responsável em primeira linha, como vimos, pelo cumprimento das regras gerais de proteção de dados pessoais, na prática, cabe ao Subcontratante assegurar que o seu serviço é suscetível de ser configurado de forma a cumprir tais regras.

25. Em especial, uma das grandes questões que o *Cloud Computing* coloca, a par das transferências internacionais de dados[48], é a da segurança dos dados.

---

[46] Considera-se titular dos dados, nos termos da LPDP, a pessoa singular identificada ou identificável a quem respeitam os dados pessoais.

[47] Em caso de destruição será conveniente que o Prestador de Serviços comunique ao Cliente que irá destruir os dados, lavrando um auto de destruição que enviará ao Cliente.

[48] Veja-se o ponto IX deste Capítulo.

CLOUD – A LEI E A PRÁTICA

26. Como referido, o Prestador de Serviços – enquanto Subcontratante –, deve colocar em prática medidas de segurança adequadas (resultando esta obrigação da relação estabelecida com o Cliente e não diretamente da lei). Desde logo, devem ser implementadas as medidas de segurança tipificadas na lei[49].

27. O regime geral da LPDP estabelece a adoção das medidas de segurança adequadas para:

Medidas de segurança adequadas	
Controlo da entrada nas instalações	Impedir o acesso de pessoa não autorizada às instalações utilizadas para o tratamento desses dados
Controlo dos suportes de dados	Impedir que suportes de dados possam ser lidos, copiados, alterados ou retirados por pessoa não autorizada
Controlo da inserção	Impedir a introdução não autorizada, bem como a tomada de conhecimento, a alteração ou a eliminação não autorizadas de dados pessoais inseridos
Controlo da utilização	Impedir que sistemas de tratamento automatizados de dados possam ser utilizados por pessoas não autorizadas através de instalações de transmissão de dados
Controlo de acesso	Garantir que as pessoas autorizadas só possam ter acesso aos dados abrangidos pela autorização
Controlo da transmissão	Garantir a verificação das entidades a quem possam ser transmitidos os dados pessoais através das instalações de transmissão de dados
Controlo da introdução	Garantir que possa verificar-se *a posteriori*, em prazo adequado à natureza do tratamento, a fixar na regulamentação aplicável a cada setor, quais os dados pessoais introduzidos quando e por quem
Controlo do transporte	Impedir que, na transmissão de dados pessoais, bem como no transporte do seu suporte, os dados possam ser lidos, copiados, alterados ou eliminados de forma não autorizada

[49] Importará cumprir as medidas previstas na LPDP ou na Lei n.º 46/2012 (caso se tratem de dados regulados por este diploma).

CAPÍTULO 5 | PRIVACIDADE E PROTEÇÃO DE DADOS PESSOAIS

28. Para os Clientes que caiam no âmbito de aplicação da Lei n.º 46/2012 – nomeadamente os prestadores de serviços de comunicações eletrónicas –, o Prestador de Serviços deve ainda assegurar as seguintes medidas:

Medidas de segurança aplicáveis a dados de tráfego, localização e recolhidos através de *cookies*[50]	
Especial controlo de acesso	Medidas que assegurem que somente o pessoal autorizado possa ter acesso aos dados pessoais, e apenas para fins legalmente autorizados
Especial controlo da transmissão, armazenamento e demais tratamentos	A proteção dos dados pessoais transmitidos, armazenados ou de outro modo tratados, contra a destruição, a perda, a alteração, a divulgação ou o acesso não autorizados ou acidentais
Especial regulamentação	Medidas que assegurem a aplicação de uma política de segurança no tratamento dos dados pessoais

29. Tendo em consideração o novo contexto introduzido pelos serviços *cloud* e o seu impacto em matéria de segurança, as autoridades europeias têm entendido que os Prestadores de Serviços devem ainda implementar as seguintes medidas adicionais (algumas estão completamente na sua esfera de controlo/atuação e outras terão de ser articuladas com os prestadores de serviços de comunicações eletrónicas):

---

[50] Ou outros dispositivos de armazenamento de informações no equipamento terminal de um utilizador, como um computador, um tablet *ou um smartphone.*

CLOUD – A LEI E A PRÁTICA

Boas práticas | Medidas de segurança adicionais	
Acesso	Devem ser assegurados meios de acesso aos dados por parte dos Clientes. Uma das típicas ameaças ao acesso no âmbito do *Cloud Computing* é a perda acidental de conectividade de rede entre o Cliente e o Prestador de Serviços ou de acesso ao servidor causada por ações maliciosas tais como os ataques "Denial of Service" (DoS). Assim sendo, devem os Prestadores de Serviços de *Cloud Computing* adotar medidas razoáveis para minimizar tais riscos, tais como "backup Internet network links", armazenamento redundante e mecanismos efetivos de "data backup".
Integridade	Devem ser implementadas medidas que detetem alterações aos dados pessoais, nomeadamente através da adoção de meios de deteção e prevenção de intrusão (IPS/IDS). Estas medidas devem limitar-se a verificar se existiu qualquer alteração, não podendo consistir numa monitorização da atividade de um determinado colaborador nos sistemas onde se encontram alojados os dados.
Confidencialidade	Devem ser adotados mecanismos de encriptação dos dados em todos os casos de "trânsito" de dados. Acresce que as comunicações entre o Prestador de Serviços e o Cliente, assim como entre os *data centers*, deverão ser encriptadas.
Separação	Na medida em que, tipicamente, existirá uma partilha de redes e memória, será essencial assegurar a separação dos dados dos vários Clientes. Este aspeto terá especial importância no caso de uma *Cloud* pública.
Portabilidade	Caso o Prestador de Serviços decida migrar os dados de uma *Cloud* para outra, deverão ser, naturalmente, adotadas medidas de segurança nesta migração. Estas medidas deverão ser também aplicadas caso o Cliente decida migrar os seus dados de uma *Cloud* do Prestador de Serviços para uma *Cloud* de outro prestador de serviços.
"Contabilidade"	Deverão manter-se registos de todas as ocorrências e medidas adotadas, para responder a qualquer pedido das autoridades competentes.

30. É de salientar que o cumprimento destas regras, em especial por razões de transparência, deve ser regulado contratualmente entre o Prestador de Serviços e o Cliente. Em particular, deverá ser dada toda a informação ao Cliente acerca das medidas de segurança e demais

especificidades do serviço, para que o Cliente possa verificar se as mesmas estão em conformidade com os termos que notificou à CNPD.

31. No que toca à finalidade para a qual os dados são recolhidos e posteriormente tratados (incluindo o seu armazenamento e/ou transferência), deve ser assegurado que o Prestador de Serviços não trata os dados a que tem acesso para outras finalidades, sob pena de este passar a ser Responsável pelo Tratamento dos dados, com as consequências legais daí decorrentes.

32. Caso o Prestador de Serviços recorra a subcontratados no âmbito do serviço de *cloud,* deverá incluir uma declaração e garantia de que tal subcontratado não tratará os dados para outras finalidades e também prever uma cláusula de auditoria e inspeção (de forma a que lhe seja possível verificar o cumprimento).

33. Relativamente à conservação dos dados, deverá ficar claro no contrato a celebrar com o Cliente que os dados pessoais armazenados serão conservados de acordo com os prazos indicados pelo Cliente, devendo ficar expressamente previsto, se essa for a intenção do Cliente, que o Prestador de Serviços procederá à eliminação dos dados após o decurso de tal prazo.

34. Por fim e sem prejuízo do referido, é importante evidenciar que o Cliente será responsável diretamente por qualquer incumprimento da lei[51], desde logo em matéria de obrigações de segurança, mesmo que, contratualmente, essa responsabilidade possa ser transferida para o Prestador de Serviços, sem prejuízo de algumas falhas de segurança poderem ser-lhe diretamente imputáveis em determinadas circunstâncias.

35. Como tal, recomendamos que o contrato/condições de adesão ao serviço *cloud* detalhem as medidas de segurança consideradas adequadas.

VII. Controlo do Cliente sobre os dados pessoais na *cloud*

36. Ao atribuir ao Prestador de Serviços o controlo sobre o armazenamento dos dados pessoais, o Cliente tem o receio de perder o controlo

---

[51] A LPDP e/ou a Lei n.º 46/2012 (consoante o tipo de dados em causa).

CLOUD – A LEI E A PRÁTICA

exclusivo sobre os mesmos, o que configura um dos principais riscos que tem sido apontado ao *Cloud Computing* nesta matéria[52].

37. Contudo, é importante salientar que, ao armazenar os dados pessoais pelos quais é Responsável pelo Tratamento na *Cloud* e ao transmiti-los a um terceiro, o Cliente abdica **apenas** do controlo direto/físico sobre os mesmos, mas mantém o controlo legal.

    Acresce que, para obviar ou atenuar este risco associado à segurança dos dados, deverão ser adotadas as medidas de segurança adequadas referidas no ponto VI deste Capítulo.

VIII. Acesso aos dados armazenados na *cloud*

38. Em matéria de dados pessoais, o Prestador de Serviços não tem, na maior parte dos casos, obrigações diretas perante a lei. Contudo, uma vez que os dados ficam armazenados nos seus sistemas informáticos, este pode ter de permitir o acesso aos mesmos a pedido dos titulares dos dados, da CNPD (através do Cliente/Responsável pelo Tratamento) ou de outros terceiros.

39. Assim sendo, e para qualquer uma das situações referidas no número anterior, a obrigação de dar/permitir o acesso aos dados recairá, em princípio, sobre o Cliente/Responsável pelo Tratamento e não sobre o Prestador de Serviços/Subcontratante.

    Neste sentido, o Prestador de Serviços, caso receba um pedido de acesso a dados, deve informar a pessoa ou a entidade em questão de que não é o Responsável pelo Tratamento – mas apenas um mero Subcontratante – e de que esta(s) deve(m) dirigir-se ao Responsável pelo Tratamento.

40. A forma de atuação do Prestador de Serviços nestes casos, designadamente se este deve ou não dar o acesso, pode ficar regulada no contrato celebrado, prevendo-se, por exemplo, quais as situações em que o Prestador de Serviços deve dar o acesso ou as situações em que,

---

[52] Risco este que, aliás, também é identificado em relação a qualquer outra categoria de dados, tais como os dados classificados.

CAPÍTULO 5 | PRIVACIDADE E PROTEÇÃO DE DADOS PESSOAIS

não o fazendo, deve reencaminhar os pedidos para o Responsável pelo Tratamento.

41. Desde logo, a LPDP consagra as condições de acesso aos dados pessoais pelos seus titulares. O titular dos dados tem o direito de obter do Responsável pelo Tratamento, livremente e sem restrições, com periodicidade razoável e sem demoras ou custos excessivos, o acesso aos dados que lhe digam respeito. Este direito de acesso inclui, por exemplo, a confirmação de serem ou não tratados dados que lhe digam respeito, bem como a informação sobre as finalidades desse tratamento, as categorias de dados sobre que incide e os destinatários ou categorias de destinatários a quem são comunicados os dados. Inclui-se ainda no âmbito do direito de acesso a possibilidade do titular dos dados efetuar pedidos de retificação, apagamento ou bloqueio dos dados cujo tratamento não cumpra o disposto na LPDP, nomeadamente devido ao carácter incompleto ou inexato dos mesmos.

42. Acresce que, no caso de tratamento de dados pessoais relativos à segurança do Estado e à prevenção ou investigação criminal, o direito de acesso é exercido através da CNPD ou de outra autoridade independente a quem a lei atribua a verificação do cumprimento da legislação de proteção de dados pessoais (devendo os pedidos ser encaminhados para aquelas autoridades).

43. Podem existir, igualmente, especificidades no acesso consoante o tipo de dados em causa (como, por exemplo, os dados de saúde).

44. No que toca aos poderes da CNPD sobre os dados armazenados na *cloud*, estes são exatamente os mesmos poderes que esta autoridade tem relativamente ao seu armazenamento por qualquer outro meio ou suporte.

45. A CNPD tem, nomeadamente, poderes de:
    (a) Investigação e inquérito, podendo aceder aos dados (incluindo aos sistemas informáticos que armazenam os dados) e recolher informações, conforme necessário para o desempenho das suas funções; e
    (b) Ordenar o bloqueio, apagamento ou destruição dos dados, ou proibir o seu tratamento, ainda que os dados estejam incluídos em redes abertas de transmissão de dados a partir de servidores situados em Portugal.

CLOUD – A LEI E A PRÁTICA

46. Poderão existir ainda terceiros que pretendam ter acesso aos dados armazenados na *Cloud*. Estes deverão solicitar tal acesso por intermédio do Responsável pelo Tratamento e/ou das entidades competentes para o efeito.

47. Em qualquer caso, o Prestador de Serviços deverá informar sempre o Cliente dos pedidos que recebe para acesso aos dados por terceiros, designadamente, por autoridades governamentais, entidades reguladoras ou tribunais ou órgãos de investigação.

IX. Localização dos dados e transferência internacional de dados

48. Se a *Cloud* que se utiliza estiver situada em Portugal, não se levantarão quaisquer questões de transferências internacionais de dados em relação a clientes portugueses ou localizados na União Europeia/Espaço Económico Europeu ("UE/EEE").

49. O mesmo sucederá caso a *Cloud* se encontre situada na UE/EEE, não se levantando igualmente questões de transferência de dados pessoais, uma vez que a transferência entre países da UE/EEE é livre.

50. Se, por outro lado, se pretender migrar dados para uma *Cloud* situada num país terceiro, isto é, um país localizado fora da UE/EEE, as questões relacionadas com as transferências internacionais de dados deverão ser equacionadas, de forma a acautelar os eventuais constrangimentos legais.

51. São as seguintes as regras aplicáveis à transferências de dados pessoais:
    (a) Dentro da UE/EEE: como referido, a transferência de dados é livre[53];
    (b) Para fora da UE/EEE:
        (i) A transferência de dados é possível, desde que para um país com um nível de proteção adequado[54]

---

[53] O que significa, na prática, que tais transferências de dados podem ocorrer entre empresas localizadas em países da UE/EEE sem que exista necessidade de pedir autorização prévia à CNPD ou proceder à notificação da transferência.

[54] A adequação do nível de proteção num Estado que não pertença à UE é, nos termos do artigo 19.º da LPDP, apreciada em função da natureza dos dados, da finalidade e da duração

CAPÍTULO 5 | PRIVACIDADE E PROTEÇÃO DE DADOS PESSOAIS

(ii) A transferência de dados é permitida para um país sem um nível de proteção adequado, designadamente, nos seguintes casos:
- Para entidades com quem tenham sido celebradas as cláusulas contratuais-tipo aprovadas pela Comissão Europeia;
- Para entidades do mesmo grupo empresarial com quem tenham sido celebrados Acordos Intragrupo[55] (IGA), estando o seu conteúdo em conformidade com as cláusulas contratuais-tipo aprovadas pela Comissão Europeia, de acordo com as condições enunciadas na Deliberação da CNPD n.º 1770/2015[56] [57].

do tratamento ou tratamentos projetados, bem como dos países de origem/de destino final e das regras aí aplicáveis. Cabe à CNPD decidir se um Estado que não pertença à UE assegura um nível de proteção adequado relativamente aos dados pessoais. Atualmente, são os seguintes os países considerados como tendo um nível de proteção adequado: Suíça, Canadá, Argentina, Guernsey, Jersey, Ilha de Man, Ilhas Faroé, Andorra, Israel e Uruguai. Nesta linha, foram ainda, no passado, consideradas como tendo um nível de proteção adequado entidades que tivessem aderido aos *Safe Harbor Principles* (princípios do "Porto Seguro") emitidos pelo *Department of Commerce* dos Estados Unidos da América – no entanto, a Decisão Safe Harbor da Comissão Europeia foi considerada inválida em virtude do Acórdão do Tribunal de Justiça da UE de dia 6 de outubro de 2015.

[55] *IntraGroup Agreement* (IGA), em Inglês. O IGA trata-se de um contrato multilateral entre várias empresas do mesmo grupo empresarial, nos termos do qual as partes se vinculam a cumprir um conjunto de normas de garantia dos direitos de proteção dos dados pessoais e da privacidade dos titulares dos dados. A CNPD exige que se tratem de verdadeiros contratos e não de declarações unilaterais autovinculativas por parte das empresas.

[56] Na Deliberação n.º 1770/2015 relativa ao procedimento de análise dos Acordos Intragrupo (IGA) para transferências de dados para fora da UE, a CNPD indica o que entende por conteúdo conforme às cláusulas contratuais-tipo aprovadas pela Comissão Europeia e quais as modificações ao contrato que considera admissíveis, rejeitando, desde logo, qualquer alteração que contradiga, direta ou indiretamente, o clausulado tipo ou que prejudique os direitos fundamentais e as liberdades dos titulares dos dados.

[57] Nos casos em que os Acordos Intragrupo não estejam em conformidade com as cláusulas contratuais-tipo aprovadas pela Comissão Europeia, bem como com as condições enunciadas na Deliberação n.º 1770/2015, cabe à CNPD avaliar se o clausulado de cada IGA contém as garantias consideradas suficientes e ajustadas para que os dados pessoais continuem a gozar da proteção existente na UE, mesmo depois de serem transferidos do seu território para um país terceiro, salvaguardando, assim, os direitos dos cidadãos. A CNPD efetua esta análise de forma casuística, através de um exame detalhado do contrato, bem como de toda a documentação de suporte, o que tem, naturalmente, um impacto significativo no tempo decisório.

CLOUD – A LEI E A PRÁTICA

Nos restantes casos, o pedido de transferência internacional de dados é livremente apreciado pela CNPD, que pode ou não autorizá-lo.

52. Importa salientar, a respeito da adoção de cláusulas contratuais-tipo aprovadas pela Comissão Europeia, que as Cláusulas contratuais-tipo 2010/87/UE[58] foram reconhecidas pelo Grupo de Trabalho do Artigo 29.º[59] ("Grupo do Artigo 29.º") como permitindo a realização de transferências internacionais de dados mais facilmente e sujeitas a menores requisitos por parte das Autoridades de Proteção de Dados dos vários países da União Europeia. Por exemplo, os termos de adesão ao serviço Azure da Microsoft, datados de 1 de outubro de 2014 e visualizados *online* a 26 de janeiro de 2015[60], contêm as referidas Cláusulas contratuais-tipo 2010/87/UE[61].

53. Importar ainda referir que as transferências de dados pessoais para entidades localizadas nos EUA deixaram de poder ter como fundamento de validade a adesão de tais entidades aos *Safe Harbor Principles*.

54. De facto, em 6 de outubro de 2015, na sequência do Caso Schrems *vs.* Facebook (Processo C-362/14), o Tribunal de Justiça da União

---

[58] Decisão da Comissão Europeia de 5 de fevereiro de 2010, relativa a cláusulas contratuais--tipo aplicáveis à transferência de dados pessoais para subcontratantes estabelecidos em países terceiros nos termos da Diretiva 95/46/CE.

[59] Trata-se de um organismo consultivo europeu em matéria de proteção de dados e privacidade composto pelas Autoridades de Proteção de Dados dos Estados-Membros da UE.

[60] Os Termos Específicos do Serviço Online da Microsoft podem ser consultados em http://www.google.pt/url?sa=t&rct=j&q=&esrc=s&frm=1&source=web&cd=1&ved=0C B8QFjAA&url=http%3A%2F%2Fwww.microsoftvolumelicensing.com%2FDownloader. aspx%3FDocumentId%3D7909&ei=gnPGVJx5grpp9eWC4AM&usg=AFQjCNEL4HaX5 D27t2yMVYisSwUf-oHuBg&sig2=B4OyCIO740In_RcB9lKfgg.

[61] A implementação das cláusulas contratuais-tipo por parte da Microsoft foi validada pelas autoridades de proteção de dados da UE (através do Grupo do Artigo 29.º) como estando em conformidade com as rigorosas normas de privacidade que regulam as transferências internacionais efetuadas por empresas que operam nos Estados–Membros. A Microsoft é a primeira empresa a obter a aprovação do Grupo do Artigo 29.º relativamente ao seu forte compromisso, ao nível contratual, em cumprir a legislação sobre privacidade da UE, independentemente da localização dos dados.

CAPÍTULO 5 | PRIVACIDADE E PROTEÇÃO DE DADOS PESSOAIS

Europeia ("TJUE") emitiu uma decisão que conduziu à invalidade da Decisão Safe Harbor[62].

55. Esta decisão, que surgiu na pendência do processo de renegociação do Safe Harbor entre a Comissão Europeia e o Governo dos EUA, tem um impacto direto em todas as transferências de dados pessoais entre a União Europeia e os EUA.

56. A sustentar isto mesmo está o comunicado da CNPD emitido no fim de outubro de 2015. Tendo em consideração a decisão do TJUE, que conduziu à impossibilidade de utilização do "instrumento " dos *Safe Harbor Principles* como meio para legitimar as transferências de dados pessoais para os EUA, a CNPD determinou, assim, *(i)* proceder à revisão de todas as autorizações de transferência de dados ao abrigo do Safe Harbor, por si emitidas desde o ano 2000; e que *(ii)* entretanto, as entidades deverão suspender os fluxos internacionais de dados pessoais efetuados com aquele fundamento[63].

57. Na referida comunicação, a CNPD mencionou ainda que, face à legislação nacional em vigor nos EUA – *"que impõe às empresas a obrigação de fornecer dados a autoridades policiais e de informações, de forma massiva e indiscriminada para além do que é estritamente necessário numa sociedade democrática"* – os demais instrumentos associados à transferência de dados pessoais para os EUA (por exemplo, as cláusulas contratuais-tipo aprovadas pela Comissão Europeia) também não se afiguram inteiramente adequados. Assim, informou a CNPD ter passado a emitir apenas autorizações provisórias para a transferência de dados pessoais

---

[62] Decisão da Comissão Europeia de 26 de julho de 2000, nos termos da Diretiva 95/46/CE do Parlamento Europeu e do Conselho e relativa ao nível de proteção assegurado pelos princípios de «porto seguro» e pelas respectivas questões mais frequentes (FAQ) emitidos pelo *Department of Commerce* dos Estados Unidos da América.

[63] As diversas entidades que atuam como responsáveis pelo tratamento dos dados que são transferidos para os EUA têm vindo a ser notificadas pela CNPD, no âmbito de processos concretos nos quais a CNPD identifica transferências autorizadas ao abrigo dos Safe Harbor Principles, de que tais transferências são proibidas; devendo as entidades proceder à comunicação à CNPD do novo fundamento de legitimidade adotado (*i.e.*, cláusulas contratuais-tipo aprovadas pela Comissão Europeia ou Acordos Intragrupo em conformidade com as cláusulas contratuais-tipo aprovadas pela Comissão Europeia e demais condições estabelecidas pela CNPD) caso pretendam continuar a transferir dados pessoais para os EUA.

para os EUA realizadas através destes instrumentos alternativos (pelo menos até que uma solução definitiva seja encontrada).

58. Todas as organizações terão, agora, que repensar os mecanismos legítimos de transferência de dados pessoais para os EUA, devendo, como medida cautelar, adotar outros instrumentos que legitimem as transferências, designadamente através da celebração de acordos de transferência de dados que consagrem as cláusulas contratuais tipo aprovadas pela Comissão Europeia. Salientamos que a adoção das *Binding Corporate Rules* não tem sido admitida pela CNPD como condição de legitimidade para a transferência internacional de dados.

59. Assim, enquanto a União Europeia e os EUA continuam a negociar um novo enquadramento para as transferências internacionais de dados para os EUA, a Comissão Europeia e as autoridades de proteção de dados dos vários Estados-Membros da União Europeia, no seio do Grupo do Artigo 29.º[64], têm estado ativamente a articular posições para fazer face à decisão de invalidade do mecanismo dos *Safe Harbor Principles*. Conta-se que estas entidades emitam uma posição formal sobre este assunto ainda no início de 2016[65].

60. Para mais informações sobre certificação dos serviços e adoção de medidas de conformidade veja-se o Capítulo 6 deste guia, sobre *Compliance*.

61. De notar, por fim, que as regras referidas se aplicam a todo o tipo de dados, independentemente da sua natureza ou da atividade em que são recolhidos e/ou tratados (ex. dados do setor bancário e segurador, do setor da saúde, etc.).

X. Legalização do tratamento de dados pessoais

62. A realização de um tratamento ou conjunto de tratamentos de dados pessoais deve ser previamente notificada à CNPD pelo Responsável pelo Tratamento.

---

[64] Neste mesmo sentido veja-se a Declaração do Grupo do Artigo 29.º, de 16 de outubro de 2015, sobre a execução do Acórdão do Tribunal de Justiça da União Europeia de 6 de outubro de 2015 no caso Maximillian Schrems vs Autoridade de Proteção de dados da Irlanda (C-362-14).
[65] Contudo, à data de publicação deste guia ainda não se encontrava definida uma solução.

CAPÍTULO 5 | PRIVACIDADE E PROTEÇÃO DE DADOS PESSOAIS

63. Esta notificação pode assumir a forma de:
    (a) Mera notificação/registo (quando não estejam em causa dados sensíveis ou operações de tratamento de dados sujeitas a autorização prévia nos termos da LPDP); ou
    (b) Pedido de autorização prévia (quando estiverem em causa dados pessoais sensíveis e determinadas operações de tratamento, como é o caso da interconexão[66] ou da transferência de dados sem o recurso à celebração das cláusulas contratuais-tipo aprovadas pela Comissão Europeia).

64. No primeiro caso, após submissão da notificação eletrónica à CNPD, o Responsável pelo Tratamento pode dar imediatamente início ao tratamento de dados pessoais. No segundo caso, o Responsável pelo Tratamento faz a submissão da notificação à CNPD e deve aguardar pela emissão da respetiva autorização antes de dar início ao tratamento de dados pessoais pretendido.

65. Em face deste enquadramento legal, refira-se que o recurso aos serviços *cloud*[67] estará sujeito a notificação ou pedido de autorização à CNPD sempre que envolver um tratamento de dados pessoais levado a cabo pelo Prestador de Serviços (bastando para tal que este tipo de dados sejam armazenados na sua *Cloud*).

66. Assim sendo, estará em causa (sem prejuízo de exigências de notificação/autorização específicas relativamente à natureza dos dados tratados):
    (a) uma mera notificação à CNPD – se o Prestador de Serviços estiver sediado/localizado em Portugal ou num país da UE/EEE e a *Cloud* utilizada também (neste caso não se coloca qualquer questão de transferência internacional de dados, mas o recurso à subcontratação é objeto de notificação à CNPD, tal como sucede com o recurso à subcontratação de um serviço equivalente não *cloud*); ou

---

[66] Para efeitos da LPDP, "interconexão de dados" consiste na possibilidade de relacionamento dos dados de um ficheiro com os dados de um ficheiro ou ficheiros mantidos por outro ou outros responsáveis pelo tratamento, ou mantidos pelo mesmo responsável com outra finalidade.
[67] Referimo-nos aqui, em conjunto, ao recurso a um Prestador de Serviços *cloud* e à eventual transferência de dados pessoais para esse Prestador de Serviços.

CLOUD – A LEI E A PRÁTICA

(b) uma autorização prévia da CNPD – se o Prestador de Serviços e/ou a *Cloud* utilizada estiverem sediados/localizados fora da UE/EEE e se o país em questão não oferecer um nível de proteção adequado, nem a transferência de dados for efetuada com base na celebração de um contrato com o conteúdo das cláusulas contratuais-tipo aprovadas pela Comissão Europeia ou de um Acordo Intragrupo conforme com essas mesmas cláusulas.

67. Por outro lado, caso a *Cloud* e os serviços *cloud* associados se encontrem em países localizados no território da UE/EEE, mas fora de Portugal, será necessário equacionar qual a lei aplicável ao tratamento dos dados pessoais alojados na *Cloud* e inseridos na atividade do Cliente.

68. Tendo em conta os pressupostos referidos no ponto II deste Capítulo 5, em muitos dos casos em que um Cliente português/operando em Portugal recorrer aos serviços *cloud* a LPDP será aplicável (devendo ser consequentemente cumpridos os requisitos decorrentes da lei portuguesa, incluindo a legalização do tratamento de dados pessoais segundo a LPDP).

69. No entanto, e caso se venha a determinar que a LPDP não é aplicável, o tratamento de dados deverá ser legalizado de acordo com a lei aplicável e perante a Autoridade de Proteção de Dados do país cuja lei vier a ser considerada aplicável.[68]

XI. Perda de dados e obrigações de notificação de *data breaches*

70. Atualmente, apenas os prestadores de serviços de comunicações eletrónicas estão sujeitos ao cumprimento de obrigações em matéria de notificação de violações de dados pessoais (*"data breaches"*). Estes têm

---

[68] O novo Regulamento Europeu de Proteção de Dados, a que se alude no ponto IX seguinte, vem instituir uma novidade: um sistema *one stop shop* (uma espécie de "balcão único") para as Autoridades de Proteção de Dados dos Estados-Membros. Tal significa, em termos sucintos, que os Clientes apenas terão, em princípio, de interagir com a autoridade do país onde têm estabelecimento principal, embora os cidadãos possam sempre interagir e apresentar queixas junto da autoridade do seu país.

CAPÍTULO 5 | PRIVACIDADE E PROTEÇÃO DE DADOS PESSOAIS

de, nos termos da lei[69], implementar especiais medidas de segurança para garantir a integridade da rede, devendo notificar, à CNPD, quaisquer *data breaches* que ocorram.

71. Como tal, e no que toca à prestação de serviços *cloud,* para já, apenas os prestadores de serviços de comunicações eletrónicas que prestem serviços *cloud* sobre a sua rede têm a obrigação de notificar os *data breaches.*

72. No entanto, este cenário será alterado no futuro próximo com a entrada em vigor do novo Regulamento Europeu de Proteção de Dados, que se aplicará diretamente a todos os países da União Europeia[70]. Espera-se que este Regulamento venha a ser aprovado na primavera de 2016 (ainda que só venha a entrar em vigor – i.e., a ser de cumprimento obrigatório – na primavera de 2018, em face da existência de um período de 2 anos para efetiva implementação).

73. A proposta apresentada pela Comissão Europeia, e já votada pelo Parlamento Europeu, estabelece a obrigação de notificação de *data breaches,* no prazo de 24 horas a contar do conhecimento da violação, tanto às autoridades de proteção de dados relevantes, como aos titulares dos dados afetados. Isto entre outras alterações profundas às regras de proteção de dados ainda vigentes.

74. Em termos gerais, a notificação deve ser remetida à autoridade nacional de proteção de dados no prazo máximo de 24 horas, devendo conter informação sobre o tipo de incidente, consequências, medidas adotadas e contactos. Caso o incidente possa afetar negativamente a privacidade do titular dos dados, o Responsável pelo Tratamento deverá também notificar os titulares dos dados.

75. Esta obrigação recairá, tudo indica, apenas sobre o Responsável pelo Tratamento (sem prejuízo de o Subcontratante dever informar, naturalmente, o Responsável pelo Tratamento da ocorrência de uma

---

[69] Lei n.º 46/2012.

[70] O objetivo do Regulamento, que alterará a Diretiva 95/46/CE, é o de adotar um regime de proteção dos dados pessoais que *(i)* seja mais coerente em todos os Estados-membros, dado que, pese embora a Diretiva 95/46/CE, os Estados-membros da União Europeia continuam a ter diferenças significativas em termos de dados pessoais (por exemplo, desde logo, em matéria de requisitos de segurança que devem ser cumpridos), o que conduziu à fragmentação do mercado interno, e *(ii)* responda melhor aos desafios colocados pelas tecnologias digitais (desde logo, pela inexistência de fronteiras que resulta da Internet e serviços *cloud*).

CLOUD – A LEI E A PRÁTICA

violação de dados pessoais para que este possa, por sua vez, fazer as devidas notificações).

76. Contudo, importa, desde já, alertar que o novo Regulamento dá um enfoque especial ao tema da segurança, prevendo uma responsabilidade conjunta do Responsável pelo Tratamento e do Subcontratante na adoção das medidas de segurança necessárias para proteger os dados contra acessos indevidos.

77. Refira-se, ainda, que outras obrigações de notificação de incidentes de segurança existirão, em breve, no seio da União Europeia para as administrações públicas e para os operadores do mercado (*i.e.*, os fornecedores de serviços da sociedade da informação[71] e os operadores de infraestruturas críticas essenciais[72]) em resultado da aprovação da Diretiva SRI[73].

De acordo com a Diretiva SRI, as entidades referidas no parágrafo anterior deverão notificar, às autoridades competentes, os incidentes de segurança com impacto significativo na segurança dos serviços essenciais que fornecem. A autoridade competente, por sua vez, poderá informar o público ou exigir que as administrações públicas ou os operadores do mercado o façam, se a revelação do incidente for do interesse público.

---

[71] Tais como os serviços *cloud*, as plataformas de comércio eletrónico, os portais de pagamento pela Internet, as redes sociais, os motores de pesquisa ou as lojas de aplicações *online*.

[72] Tais como os que atuam nos setores da energia (ex.: os fornecedores de eletricidade e gás), dos transportes (ex.: os transportadores aéreos de mercadorias e passageiros), bancário (ex.: as instituições de crédito), das infraestruturas do mercado financeiro (ex.: as bolsas) ou da saúde (ex.: as unidades de prestação de cuidados de saúde).

[73] Foi publicada, em 7 de fevereiro de 2013, a Proposta de Diretiva do Parlamento Europeu e do Conselho relativa a medidas destinadas a garantir um elevado nível comum de segurança das redes e da informação em toda a União ([COM(2013) 48 final]) (a "Diretiva SRI"). Esta proposta de Diretiva constitui a principal linha de ação da proposta de Estratégia Europeia de Cibersegurança. A 18 de dezembro de 2015, chegou-se a um consenso político relativamente ao texto da Diretiva. Seguir-se-á uma aprovação formal pelo Parlamento Europeu e pelo Conselho. A contar da data da sua publicação (prevista para a primavera de 2016) os Estados Membros terão 21 meses para publicar legislação nacional que transponha a Diretiva (para mais informação consulte-se, por exemplo, o link: http://europa.eu/rapid/press-release_IP-13-94_pt.htm).

XII. Certificação dos Prestadores de Serviços

78. A escolha do prestador de serviços *cloud* que é feita pelo Responsável pelo Tratamento assume, como vimos nos pontos anteriores, fundamental importância.

79. Importa, por isso, que o Cliente escolha um Prestador de Serviços que se preocupe com a segurança dos dados e que, preferencialmente, tenha na sua estrutura organizativa interna, uma pessoa e/ou um departamento (dependendo da dimensão do prestador) responsável/eis pela implementação e verificação das regras de segurança e proteção de dados pessoais, adotando, assim, as melhores práticas internacionais a este respeito.

80. Existem ainda certificações específicas que os Prestadores de Serviços podem obter, garantindo elevados níveis de segurança e de proteção de dados, matéria que é tratada no Capítulo 6.

Capítulo 6 | *Compliance*

1. Os serviços *cloud* têm uma abrangência mundial e devem basear-se em *standards* respeitados mundialmente.
2. A indústria e as organizações do setor têm vindo a desenvolver uma série de boas práticas de conduta aplicáveis aos serviços *cloud*.
   Existem, assim, certificações específicas que os Prestadores de Serviços podem ter, garantindo elevados níveis de segurança e de proteção dos dados pessoais que são armazenados na *cloud*.
3. Saliente-se, a este respeito, as certificações da *International Organization for Standardization* ("ISO") que tem desenvolvido e apresentado no mercado uma série de certificações que reconhecem a utilização de boas práticas pelos Prestadores de Serviços ao nível da oferta dos serviços *cloud*. Várias outras certificações ISO encontram-se ainda em fase de desenvolvimento.
4. Por exemplo, a Microsoft foi a primeira empresa a implementar apertadas medidas de segurança, recebendo para a última versão do serviço Microsoft Azure a certificação ISO 27001, seguindo ainda as melhores práticas da ISO 27002 em matéria de segurança da informação e gestão de risco e da ISO 27018 relativamente a informação pessoal identificável em *Clouds* públicas.
5. Para além da Auditoria e Certificação ISO 27001/27002, existem ainda uma série de outros programas internacionais de conformidade, verificados por organismos independentes, os quais permitem aos clientes

CLOUD – A LEI E A PRÁTICA

conseguirem a conformidade com a infraestrutura e as certificações que executam no serviço *cloud* contratado[74].

6. Adicionalmente, a Comissão Europeia e a ENISA começaram, em 2014, em conjunto com os demais *stakeholders* da indústria, a desenvolver uma Lista de Certificações *Cloud* (CCSL – *the "Cloud Certification Schemes List"*)[75], no âmbito da *European Cloud Computing Strategy*[76].

7. A lista, criada em abril de 2014 e contando na altura apenas com 5 esquemas de certificação, tem hoje várias certificações disponíveis para os Prestadores de Serviços *cloud*.

8. Estas certificações permitem aos clientes saber se o serviço *cloud* que pretendem contratar é seguro e de confiança, tendo em conta, em especial, a adoção das boas práticas e *standards* internacionais. Como tal, a existência de uma certificação pode (e deve) ser determinante para que um Cliente escolha ou não um determinado Prestador de Serviços *cloud*.

---

[74] De entre os principais programas específicos de conformidade, salientam-se:
(i) Atestados SOC 1/SSAE 16/ISAE 3402 e SOC 2;
(ii) Matriz de Controlos de Nuvem (CCM-*Cloud Controls Matrix*) da Aliança de Segurança da Nuvem (CSA – *Cloud Security Alliance*);
(iii) *Federal Risk and Authorization Management Program* (FedRAMP);
(iv) *Federal Information Security Management Act* (FISMA, Lei Federal Norte-Americana de Gestão de Segurança das Informações);
(v) Acreditação OFFICIAl do G-Cloud do Reino Unido;
(vi) Programa de Avaliadores Registados da Segurança de Informação do Governo Australiano (IRAP – *Australian Government Information Security Registered Assessors Program*);
(vii) *Business Associate Agreement* (BAA) com a HIPAA;
(viii) *Food and Drug Administration* 21 CFR Parte 11;
(ix) *Family Educational Rights and Privacy Act* (FERPA);
(x) *Federal Information Processing Standards* (FIPS); ou
(xi) *Multi-Level Protection Scheme* (MLPS, Esquema de Proteção de Múltiplos Níveis).

[75] Disponível para consulta em https://resilience.enisa.europa.eu/cloud-computing-certification/. Veja-se também http://www.enisa.europa.eu/media/news-items/new-schemes-on-the-cloud-certification-list-1 e http://www.enisa.europa.eu/media/news-items/enisa-calls-experts-in-europe2019s-public-sector-to-collaborate-on-a-cloud-certification-schemes-metaframework.

[76] Veja-se mais informação sobre a *European Cloud Computing Strategy*, lançada pela Comissão Europeia em setembro de 2012, em http://ec.europa.eu/digital-agenda/en/european-cloud-computing-strategy.

Capítulo 7 | Proteção do Consumidor

I. Requisitos específicos em matéria de proteção do consumidor

1. A regulamentação específica de determinadas modalidades de contratação surge com mais premência com o aparecimento das novas tecnologias que originam novas formas de comercialização por parte dos profissionais com maior força económica e maior domínio, colocando, muitas vezes, os consumidores em situação que não lhes permite tomar consciência das reais condições contratuais.
2. Os consumidores beneficiam, assim, de um regime de direito privado especial, com vista a assegurar uma maior proteção, garantindo, assim, mais transparência e segurança no comércio.
    Para este efeito, consumidor é qualquer pessoa singular a quem sejam fornecidos bens, prestados serviços ou transmitidos quaisquer direitos, destinados em parte a uso não profissional.
3. O Regime Jurídico dos Contratos à Distância e Fora do Estabelecimento determina, assim, algumas exceções ou especificidades face ao regime geral, tendo em vista proteger o consumidor, o que faz essencialmente através da regulação das seguintes matérias: *(i)* direito à informação prévia, *(ii)* requisitos de forma do contrato, *(iii)* direito de livre resolução e *(iv)* prazos para a execução dos serviços.[77]

---

[77] De igual modo, a Proposta de Diretiva Conteúdos Digitais, aplicável apenas na relação com os consumidores, estabelece regras complementares no domínio da alteração e resolução do contrato e respetivas consequências.

II. Principais direitos dos consumidores

4. Na generalidade dos contratos celebrados à distância ou fora do estabelecimento comercial, o consumidor dispõe de um prazo de 14 (catorze) dias para livre resolução do contrato. Esta resolução não implica o pagamento de qualquer compensação ou indemnização. Este regime constitui uma forma de solucionar as deficiências que resultavam da aplicação do regime geral[78] em relação a uma parte mais desprotegida.

5. Saliente-se que, na prática, os serviços só têm início após o decurso do prazo de livre resolução, salvo se o contrário for expressamente solicitado pelo consumidor, caso em que, se vier a optar pelo direito de livre resolução, fica obrigado a pagar os serviços na proporção da sua utilização.[79]

6. A Proposta de Diretiva de Conteúdos Digitais vem acrescentar alguns direitos aos consumidores, tais como a nível da alteração do contrato, resolução, ónus da prova e não conformidade dos conteúdos digitais com o contrato.[80]

---

[78] Artigo 253.º, n.º 2 do Código Civil. A resolução, nos termos gerais, estaria sujeita a prazo e dependia de o contrato não estar ainda cumprido, o que, no caso dos serviços imediatamente prestados, causaria prejuízo ao consumidor.

[79] Artigo 10.º do Decreto-Lei n.º 24/2014, de 14 de fevereiro. Durante este período, os serviços não têm início, funcionando o prazo de 14 dias como uma condição suspensiva. Caso os serviços tenham tido início antes de decorrido o período de 14 dias a pedido do Cliente, e se o Cliente exercer o direito de livre resolução, deve ser pago ao Prestador do Serviço um montante proporcional ao que foi efetivamente prestado até ao momento da comunicação da resolução.

[80] A acrescer a estes direitos, a Proposta de Diretiva Conteúdos Digitais estabelece ainda que nos contratos de fornecimento de conteúdos digitais por tempo indeterminado ou quando a duração inicial do contrato ou qualquer combinação de períodos de renovação exceder 12 meses, o consumidor tem direito a rescindir o contrato em qualquer momento após o termo dos primeiros 12 meses, produzindo a resolução efeitos 14 dias a contar da notificação.
A Proposta de Diretiva de Conteúdos Digitais estipula ainda que o fornecedor é responsável perante o consumidor em caso de falta de conformidade no momento em que os conteúdos digitais são fornecidos. Para tal, caso tal não venha expresso no contrato de um modo claro e abrangente, em matéria de conformidade, *"os conteúdos digitais devem ser adequados à finalidade para a qual os conteúdos digitais com a mesma descrição seriam, normalmente, utilizados, incluindo a sua funcionalidade, interoperabilidade e outras características de desempenho como a acessibilidade, continuidade e segurança"*, considerando *(i)* se o conteúdo digital é fornecido em troca de um

Capítulo 8 | Especificidades do Armazenamento de Dados de Entidades Públicas

I. Introdução

1. A possibilidade de armazenamento de dados provenientes ou detidos pelo Estado ou demais entidades públicas/Administração Pública (também referidos, em conjunto, apenas como "Administração Pública") em *clouds* de Prestadores de Serviços "privados" tem sido um tema bastante debatido a nível nacional (e também internacional).

2. Têm sido apontadas pelos *stakeholders* diversas vantagens, mas também alguns riscos associados ao recurso, por entidades públicas, a *clouds* de entidades privadas.

---

preço ou outra contrapartida que não dinheiro, *(ii)* se for caso disso, quaisquer normas técnicas internacionais existentes ou, na ausência de normas técnicas, os códigos de conduta e boas práticas da indústria aplicáveis; e *(iii)* qualquer declaração pública realizada pelo ou em nome do fornecedor ou de outras pessoas em estádios anteriores da cadeia de transações, exceto se o fornecedor demonstrar que conhecia a declaração, não tinha conhecimento nem podia razoavelmente esperar-se que tivesse conhecimento da declaração em causa. Em caso de falta de conformidade, o consumidor tem direito, em primeiro lugar, à reposição dos conteúdos em conformidade com o contrato, a título gratuito, salvo se tal for impossível, desproporcionado ou ilegal. Em caso de não verificação de reposição, o consumidor pode ter direito a uma redução proporcional do preço, se os conteúdos digitais forem fornecidos em troca do pagamento de um preço, ou a rescindir o contrato. Refira-se ainda que o ónus da prova recai sobre o fornecedor no que diz respeito à conformidade com o contrato.

CLOUD – A LEI E A PRÁTICA

3. Muitos dos *stakeholders* são unânimes em reconhecer as vantagens que as soluções de *Cloud Computing* têm para a Administração Pública, não só em termos de custo/eficiência, mas também em termos de agilidade, flexibilidade, escalabilidade, resiliência e segurança (ainda que em relação a este último aspeto alguns levantem algumas reservas).

    De facto, uma das principais vantagens que têm sido apontadas ao *Cloud Computing* é a de as entidades que recorrem a estes serviços poderem adquirir, em princípio, a um custo mais reduzido e com um nível de segurança muito superior, uma maior capacidade de armazenamento.

4. As questões que têm sido levantadas em Portugal[81] não são diferentes das apontadas a nível internacional e estão fundamentalmente centradas: *(i)* na natureza sensível da informação que poderá vir a ser transferida para a *cloud* e na maior ou menor confiança existente em relação a Prestadores de Serviços privados, *(ii)* nas limitações legais associadas ao tratamento de informação sujeita a segredo de Estado/ informação classificada, *(iii)* na eventual perda de controlo de informação em virtude de a mesma estar localizada fora de Portugal e/ou da UE/EEE, e *(iv)* numa possível violação do princípio – constitucionalmente protegido – da soberania do Estado.

II. Prestação de serviços *cloud* ao Estado e demais entidades públicas

5. Saliente-se, desde logo, que não existe na lei qualquer proibição genérica de armazenamento de informação/dados de entidades públicas em servidores de entidades privadas, nem tão pouco existe qualquer limitação genérica quanto à colocação destes dados na *Cloud*, esteja esta localizada dentro ou fora de Portugal, sem prejuízo, no entanto, de limitações específicas que seguidamente se referem, bem como condicionantes referentes à informação tratada no ponto V deste capítulo. Aliás, a legislação vigente em Portugal também não se pronuncia em concreto sobre se as entidades públicas podem ou não optar por um

---

[81] Deve, desde logo, ter-se em conta as opiniões e recomendações emitidas pela CNPD.

CAPÍTULO 8 | ESPECIFICIDADES DO ARMAZENAMENTO DE DADOS DE ENTIDADES PÚBLICAS

determinado modelo de *cloud* e, muito menos, sobre qual o modelo de serviço a adotar.

6. Existem alguns requisitos legais, designadamente relacionados com a natureza da informação a armazenar, que podem *(i)* condicionar a opção por uma solução de *cloud* e/ou *(ii)* apontar para a necessidade de, no âmbito da contratação de serviços *cloud*, se optar por um determinado tipo de *cloud (i.e.*, pública, privada ou híbrida) em detrimento de outra, bem como pela necessidade de adoção de determinados requisitos específicos. Tais condicionamentos poderão igualmente resultar de obrigações contratuais referentes a informação protegida ao abrigo de vínculos contratualmente assumidos.

7. Existe ainda um conjunto de recomendações de organismos internacionais, como a ENISA ou o Grupo do Artigo 29.º, que devem ser equacionadas.

8. Assim, não sendo possível definir em termos gerais quais são os requisitos aplicáveis à informação, essa avaliação deverá ser efetuada numa base casuística, na medida em que o tipo de informação a armazenar (e respetivos requisitos legais) variará caso a caso.

9. A necessidade de se efetuar uma análise casuística resulta, aliás, do estudo da ENISA *Security & Resilience in Governmental Clouds – Making an Informed Decision* (2011). Neste estudo, a ENISA salienta a importância de um *assessment* prévio à decisão de contratação dos serviços *cloud* pelas entidades públicas, tendo em consideração diferentes fatores como as variáveis negociais/operacionais, os requisitos de segurança, a solução/tipo de *cloud* e a qualificação da informação armazenada. Nos estudos/relatórios seguintes[82], a ENISA desenvolve alguns destes temas, dotando as entidades públicas de importantes e úteis *guidelines* para a escolha do modelo de serviço e do próprio Prestador de Serviços *cloud*.

---

[82] Destacamos o *Security Framework for Governmental Clouds* (2015), o *Procure Secure – A guide to monitoring of security service levels in cloud contracts* (2012) e o *Good Practice Guide for securely deploying Governmental Clouds* (2013), melhor identificados no ponto 2. do Anexo VI a este guia.

CLOUD – A LEI E A PRÁTICA

III. Adoção de especiais cuidados na escolha do Prestador de Serviços e no tipo de *cloud*

10. Devido à dimensão, natureza e complexidade das atividades do Estado e demais entidades públicas, uma falha nos sistemas informáticos destas entidades pode afetar negativamente uma grande quantidade de pessoas.

11. Assim, é fundamental para as entidades públicas assegurar que os serviços de *cloud* que venham a contratar garantam níveis de funcionalidade e disponibilidade aceitáveis.

    As entidades públicas poderão ter a preocupação de incluir no respetivo contrato cláusulas detalhadas relativas aos níveis de serviço/SLAs, e que definam claramente as obrigações e responsabilidades das partes.

12. Da mesma forma, têm sido destacados alguns cuidados a ter em conta ao nível da *(i)* integração e transferência de serviços existentes para a *Cloud* (que deve minimizar as quebras no nível de serviço), e *(ii)* em relação à interoperabilidade entre os sistemas atuais e entre diferentes Prestadores de Serviços de *cloud*. É ainda importante assegurar que o Prestador de Serviços possa assegurar prazos e modalidades de transferência de dados adequadas, garantindo a portabilidade dos mesmos[83].

13. Neste contexto, é fundamental que as entidades públicas escolham um Prestador de Serviços que reúna condições para, por um lado, auxiliar o Cliente na análise ao tipo de informação e requisitos aplicáveis à mesma (tal como recomenda o estudo da ENISA acima referido) e, por outro, oferecer soluções *tailor made.*

14. Por outro lado, a escolha de um tipo de *cloud* e modelo de serviço deverá ter em consideração os requisitos legais aplicáveis. Como vimos, não existe uma proibição legal genérica de armazenamento de dados de entidades públicas na *Cloud* (incluindo em *Clouds* de Prestadores de

---

[83] Muitas vezes existe o receio de que, uma vez contratados os serviços de um Prestador de Serviços, será difícil voltar atrás ou mudar de prestador, ocorrendo uma situação de *lock-in*, mas esta situação, tal como a matéria relativa aos níveis de serviço, pode ser devidamente acautelada a nível contratual entre o Cliente e o Prestador de Serviços.

CAPÍTULO 8 | ESPECIFICIDADES DO ARMAZENAMENTO DE DADOS DE ENTIDADES PÚBLICAS

Serviços privados), nem uma imposição legal quanto ao tipo de *Cloud* e/ou de serviço a adotar – pelo que o Cliente poderá escolher de entre os modelos de serviço disponíveis.

No entanto, tem sido sustentado por entidades competentes nacionais e internacionais, em termos gerais, que o Estado e demais entidades públicas devem dar preferência a *Clouds* privadas, porque, em teoria, estas oferecerão uma maior possibilidade de controlo dos dados armazenados, permitindo mais facilmente evitar/controlar eventuais ingerências da entidade privada (que gere a *Cloud*) ou de terceiras entidades na informação pertencente à entidade pública. Também algumas entidades se têm pronunciado pela preferência na adoção de uma *Cloud* comunitária, exclusiva para entidades públicas.

15. Sem prejuízo do referido, a tendência de mercado parece apontar para uma cada vez maior consideração pelas entidades públicas da possibilidade de adesão à *Cloud* híbrida (como forma de diluir custos e ganhar escalabilidade face à *Cloud* privada).

16. Independentemente do tipo de *cloud* e modelo de serviço escolhido, devem ser cumpridas as obrigações legais aplicáveis a informação protegida por Segredo de Estado e demais informação classificada, bem como as obrigações contratuais referentes a informações protegidas ao abrigo de vínculos contratualmente assumidos.

IV. Riscos relativos ao controlo da informação por parte das entidades públicas e à perda da soberania do Estado

16. Uma das grandes questões que tem sido apontada ao alojamento de dados em soluções de *Cloud* pelas entidades públicas prende-se com a potencial ameaça que tal opção possa representar para a soberania nacional e para o controlo sobre os dados alojados. Isto porque:
    (a) As infraestruturas da *Cloud* poderão estar localizadas fora de Portugal ou mesmo fora da UE; e
    (b) A *Cloud* poderá ser detida/gerida por entidades sujeitas a um quadro legal diferente do nacional/comunitário.

CLOUD – A LEI E A PRÁTICA

17. As entidades públicas que detenham dados são responsáveis pelo tratamento adequado dos mesmos, devendo garantir que o cumprimento das suas obrigações em relação aos dados é igualmente assegurado pelos Prestadores de Serviços contratados.

18. Em muitos casos, os serviços *cloud* são prestados através de infraestrutura localizada em diversos países e jurisdições. Nestas situações, as entidades públicas devem considerar as implicações que daí decorrem para o controlo sobre os dados.

19. Com efeito, no que toca a este controlo sobre dados com impacto na soberania do Estado, podem colocar-se questões a dois níveis: *(i)* na sujeição das entidades públicas a uma lei estrangeira e *(ii)* na transferência ou deslocalização de dados "públicos" relevantes para a manutenção da soberania do Estado para fora de Portugal.

20. A propósito do primeiro nível, exemplo pertinente é o do acesso aos dados por autoridades estrangeiras no âmbito de uma investigação judicial, o que pode ocorrer ao abrigo de uma lei que as entidades públicas desconheçam (ainda que possam existir acordos existentes no seio da UE que possam facilitar tal investigação). Existe a possibilidade de tal situação ocorrer sempre que haja um elemento de ligação a uma lei estrangeira, quer pelo facto de os servidores onde os dados estão alojados estarem localizados fora de Portugal, quer pela nacionalidade do Prestador de Serviços.

21. Estas questões levantam-se apenas, naturalmente, para dados públicos relevantes para a soberania do Estado e em relação à prestação de serviços *cloud* por um Prestador de Serviços que não esteja localizado/sediado em Portugal (ou que subcontrate serviços a empresas que o não estejam) e quando a infraestrutura utilizada (o servidor) se localizar fora do território português.

V. Requisitos específicos aplicáveis ao armazenamento de informação protegida por segredo de Estado e demais informação classificada

22. No que toca ao alojamento dos dados de entidades públicas, existem regras específicas – decorrentes da natureza e eventual qualificação

CAPÍTULO 8 | ESPECIFICIDADES DO ARMAZENAMENTO DE DADOS DE ENTIDADES PÚBLICAS

da informação – que exigem que o tratamento e armazenamento de dados na *cloud* cumpram determinadas exigências.

23. Estas regras específicas variam consoante o tipo de dados em causa, os quais poderão ser, desde logo:

(a) **Dados pessoais** – os quais estão sujeitos às regras referidas no Capítulo 5;

(b) **Dados sigilosos** – os dados sigilosos são dados não públicos, podendo essencialmente ser:

(i) Dados de entidades privadas – são designadamente os dados protegidos por segredo de negócio ou por regras de confidencialidade ou sigilo profissional; e

(ii) Dados de entidades públicas – são designadamente os dados protegidos por segredo de Estado, segredo de justiça, segredo militar ou por razões de segurança pública, de segurança do Estado ou de defesa.

24. Assim, a recolha, alojamento, acesso, consulta, transmissão ou qualquer outro ato sobre os referidos dados está sujeito a regras específicas que devem ser cumpridas, desde logo por quem "detém" estes dados, mas que podem impender também sobre o Prestador de Serviços.

25. No que toca aos dados sigilosos de entidades públicas, importa, desde logo, salientar os requisitos específicos aplicáveis aos dados protegidos por segredo de Estado (ou de outra forma considerados como informação classificada) e por segredo de justiça (de que se trata com maior detalhe no Anexo II a este guia).

26. Não nos referimos aos dados sigilosos privados (protegidos por obrigações de confidencialidade ou por segredo de negócio), uma vez que não existem regras específicas a este respeito.

A. Segredo de Estado

27. A informação protegida por segredo de Estado é aquela que é assim classificada ao abrigo do Regime de Segredo de Estado[84]: são abrangidos pelo segredo de Estado os documentos e informações cujo

---

[84] Estabelecido pela Lei Orgânica n.º 2/2014, de 6 de agosto.

CLOUD – A LEI E A PRÁTICA

conhecimento por pessoas não autorizadas é suscetível de pôr em risco interesses fundamentais do Estado.

28. Para este efeito, consideram-se interesses fundamentais do Estado os interesses relativos à independência nacional, à unidade e à integridade do Estado ou à sua segurança interna ou externa, à preservação das instituições constitucionais, bem como os recursos afetos à defesa e à diplomacia, à salvaguarda da população em território nacional, à preservação e segurança dos recursos económicos e energéticos estratégicos e à preservação do potencial científico nacional.

29. Quanto às formalidades aplicáveis ao armazenamento e acesso a documentos classificados como segredo de Estado, foram aprovadas – por Resoluções do Conselho de Ministros – instruções de segurança específicas conhecidas como SEGNAC 1, 2, 3 e 4[85], as quais visam estabelecer normas para a segurança nacional, salvaguarda e defesa de matérias classificadas.

30. Em especial, estas normas estabelecem um regime de habilitação de segurança/credenciação para acesso a informação classificada, inclusive informação classificada como segredo de Estado. Neste caso, o processo de credenciação previsto pelas SEGNAC é cumulativo com a necessidade de autorização, acima referida.

31. Para além da informação protegida por segredo de Estado, as referidas SEGNAC 1, 2, 3 e 4 estabelecem ainda um regime de classificação, armazenamento e acesso para a restante informação classificada (ou informação classificada *tout court*) a qual não é, no entanto, sujeita a segredo de Estado.

32. As SEGNAC visam, em termos gerais, definir princípios básicos, que devem ser observados pelos elementos da Administração Pública, e regras destinadas a garantir a segurança das matérias classificadas de âmbito governamental de modo a *(i)* prevenir ações de sabotagem e espionagem e ainda *(ii)* evitar falhas humanas suscetíveis de ocasionar comprometimentos e falhas de segurança[86]. Pretende-se, assim, prote-

---

[85] Apresentaremos, apenas, uma descrição genérica e não exaustiva das SEGNAC.

[86] Note-se que muitas das regras de segurança estabelecidas, não só por se tratarem de normas antigas datadas do fim dos anos 80, mas também por preverem maioritariamente

CAPÍTULO 8 | ESPECIFICIDADES DO ARMAZENAMENTO DE DADOS DE ENTIDADES PÚBLICAS

ger informações classificadas e colocadas em memória nos sistemas e redes de tratamento automático de dados ou quando transmitidas por meios eletrónicos, bem como garantir a própria segurança informática dos sistemas da Administração Púbica.

33. Salienta-se que, de acordo com a Lei[87], a classificação como segredo de Estado implica a definição clara, pela autoridade competente, das pessoas autorizadas a aceder aos locais ou equipamentos de armazenamento, bem como a definição dos locais e dos equipamentos nos quais a informação pode ser armazenada. Por outro lado, o acesso às matérias, documentos ou informações classificadas por terceiros só pode ocorrer mediante autorização pessoal para tanto[88]. Tais pessoas devem estar adequadamente informadas sobre as formalidades, medidas de proteção, limitações e sanções estabelecidas para cada caso.

B. Informação Classificada

34. A informação classificada consiste em toda a informação, notícia, material ou documento que, caso seja do conhecimento de indivíduos não autorizados[89], pode constituir um perigo para a segurança nacional dos países aliados ou de organizações de que Portugal faça parte.

35. A informação é classificada de acordo com as regras previstas nas SEGNAC. Perante o caso concreto, as entidades competentes para atribuir uma classificação de segurança verificam se se justifica a sua atribuição e, em caso afirmativo, escolhem o grau de classificação de

---

medidas de segurança física, se encontram presentemente já desfasadas da realidade técnica e tecnológica atual.

[87] Artigo 3.º, n.º 7 da Lei Orgânica n.º 2/2014, de 6 de agosto (Regime do Segredo de Estado).

[88] É assim por exclusão de partes. A lei refere que só podem aceder a matérias, documentos ou informações classificadas os órgãos, os serviços e as pessoas devidamente autorizadas. A referência a "órgãos e serviços" realiza-se em sentido orgânico-administrativo, ou seja, respeita necessariamente a titulares de cargos públicos ou a agentes de serviços públicos.

[89] Para este efeito, indivíduo não autorizado é aquele que não está credenciado nem autorizado a ter acesso a informação classificada ou que, embora credenciado, não conste das respetivas listas de acesso a matérias classificadas (existentes em todos os organismos onde sejam manuseadas matérias classificadas).

segurança adequado a atribuir (para maior detalhe sobre os Graus de Segurança ver Anexo II).

36. A classificação de segurança é usada tendo em vista duas finalidades:
    (a) Assinalar as matérias que carecem de proteção de segurança e, consequentemente, determinar o conjunto de medidas de segurança de que as mesmas devem beneficiar quando são, entre outras, arquivadas ou transmitidas através de meios e processos de comunicação; e
    (b) Designar o grau de credenciação dos indivíduos que, pelas suas funções, tenham necessidade de manusear ou de tomar conhecimento de tais matérias.

C. Particulares Deveres de Sigilo

37. Adicionalmente às cautelas associadas ao manuseamento de matérias classificadas como segredo de Estado e/ou abrangidas pelas SEGNAC, deve ter-se ainda em conta que determinados funcionários públicos estão sujeitos a particulares deveres de sigilo no âmbito das suas funções.

38. É o caso dos funcionários e agentes dos serviços de informações, que estão sujeitos a um dever de sigilo sobre a atividade de pesquisa, análise, classificação e conservação das informações de que tenham conhecimento em razão das suas funções, bem como sobre a estrutura e o funcionamento de todo o sistema de informações. Os militares encontram-se igualmente sujeitos a um dever de sigilo. Este dever de sigilo abrange os factos e matérias de que o militar tenha conhecimento em virtude do exercício das suas funções e que não devam ser revelados, nomeadamente os referentes ao dispositivo, à capacidade militar, ao equipamento e à atividade operacional das Forças Armadas, bem como os elementos constantes de centros de dados e demais registos sobre o pessoal que não devam ser do conhecimento público.

39. Também se encontram sujeitos a especiais deveres de sigilo determinadas profissões e/ou setores de atividade (ex.: profissionais de saúde e advogados).

D. Formalidades Específicas

40. Existem, pois, formalidades específicas no que toca ao armazenamento e acesso a informação classificada.

41. Assim, será sempre necessário ao Cliente assegurar, caso pretenda alojar informação classificada na *Cloud*, que:
    (a) Não existem exigências específicas relativamente ao tipo de *Cloud* a adotar;
    (b) O Prestador de Serviços encontra-se devidamente credenciado; e
    (c) Os técnicos que acedem a essa informação/documentação classificada (ou que podem potencialmente ter acesso aos dados) encontram-se credenciados nas marcas e graus adequados, tendo em conta a natureza da informação em causa (por exemplo, se for também classificada como segredo de Estado).

42. Para mais informação sobre o processo de credenciação em especial, ver Anexo IV a este guia.

43. Para mais informação sobre Marcas e Graus de Segurança, ver, igualmente, o Anexo III.

44. Poderá ainda, no caso concreto, existir informação em relação à qual se aplicam requisitos específicos – nomeadamente ao nível das medidas de segurança e condições de acesso. Destacamos a informação protegida por segredo militar, a informação das instituições e organismos da União Europeia, incluindo, designadamente, da EUROPOL e EUROJUST, bem como de organizações internacionais (incluindo a INTERPOL, a NATO, entre outros), informação de saúde (em relação à qual existe uma obrigação de segregação e acesso reservado) ou segredo de justiça. Estes regimes terão, necessariamente, que ser analisados caso a caso.

45. As considerações relativas à natureza sensível dos dados estão intimamente ligadas a questões de controlo sobre os mesmos e de segurança. Fazemos notar que, em relação a dados mais sensíveis, como seja a informação classificada, recomenda a ENISA que se opte pela utilização de um modelo de *cloud* privada ou comunitária, devido aos níveis de controlo e "visibilidade" que tal solução oferece, deixando menos dúvidas em relação ao tratamento e destino da informação.

VI. Credenciação de segurança

46. Sempre que o Cliente, enquanto decisor de uma entidade pública, pretender armazenar dados do Estado/entidades públicas que sejam classificados como *(i)* protegidos por Segredo de Estado ou *(ii)* de acordo com as demais marcas e graus de segurança, o Cliente deve escolher um Prestador de Serviços que se encontre (bem como os seus colaboradores) devidamente credenciados pelo Gabinete Nacional de Segurança.

47. Para maior detalhe sobre o processo de credenciação das entidades ver o Anexo II ao presente guia.

VII. Requisitos de acesso a informação pública e/ou de entidades públicas

48. Os particulares podem aceder a informação e a documentos públicos, desde que se cumpram determinados requisitos.

49. Este direito de acesso dos particulares está, por norma, sujeito a regimes legais diferentes, consoante a informação a aceder diga respeito a um procedimento em curso ou não.

50. Quando o procedimento já tiver terminado, o acesso à informação segue um regime de âmbito geral, regulado pela Lei de Acesso aos Documentos da Administração Pública[90] ("LADA"). Nesse caso, o acesso aos documentos públicos é efetuado segundo o "princípio da administração aberta". Tal significa que todos os cidadãos têm, por regra, direito de aceder aos documentos administrativos, direito esse que confere aos particulares os direitos de informação, consulta e reprodução sobre o referido documento e respetivo conteúdo.

51. Não se trata, contudo, de um direito absoluto, uma vez que comporta determinadas exceções previstas na lei, desde logo, e em termos genéricos, as que dizem respeito a documentos que contenham segredos comerciais, industriais ou sobre a vida interna de uma empresa, para

---

[90] Lei n.º 46/2007, de 24 de agosto.

CAPÍTULO 8 | ESPECIFICIDADES DO ARMAZENAMENTO DE DADOS DE ENTIDADES PÚBLICAS

os quais é necessário uma autorização especial ou a demonstração de um interesse que o justifique[91].

52. Quando estiver em causa o acesso a informação no âmbito de um procedimento administrativo em curso, aplica-se o regime previsto no Código do Procedimento Administrativo[92] ("CPA"). No âmbito deste regime, o acesso à documentação já não é necessariamente livre, existindo apenas para quem demonstre possuir interesse direto ou legítimo no procedimento em causa. Quando o requerente não for interessado no procedimento, o acesso aos documentos administrativos preparatórios de uma decisão ou constantes de processos não concluídos pode ser diferido até à tomada de decisão, ao arquivamento do processo ou ao decurso de um ano após a sua elaboração[93].

53. Assim sendo, perante um pedido de acesso a determinado documento público/administrativo, é sempre necessário avaliar se tal documento faz parte de um procedimento administrativo em marcha ou se, pelo contrário, respeita a um procedimento administrativo já terminado.

54. Os requisitos referidos não se alteram pelo facto de a informação e documentos públicos/administrativos serem armazenados numa *cloud* e não através de meios/suportes "tradicionais". Cabe ao Cliente assegurar, através da adequada escolha do Prestador de Serviços, a possibilidade de acesso – nomeadamente por parte dos particulares – a tais documentos.

---

[91] Estabelece o n.º 6 do artigo 6.º da LADA que *"um terceiro só tem direito de acesso a documentos administrativos que contenham segredos comerciais, industriais ou sobre a vida interna de uma empresa se estiver munido de autorização escrita desta ou demonstrar interesse direto, pessoal e legítimo suficientemente relevante segundo o princípio da proporcionalidade."*

[92] Aprovado pela Lei n.º 4/2015, de 4 de janeiro. *Vide* artigo 82.º e seguintes.

[93] Artigo 6.º, n.º 3 da LADA.

Capítulo 9 | Contratação Pública e Aspetos Financeiros

I. Contratação Pública

A. Aplicação do Código dos Contratos Públicos

1. Importa determinar em que medida se encontram o Estado e as entidades públicas (também referidos como "Administração Pública") sujeitos a regras de contratação pública para a aquisição de serviços *cloud*, quais os procedimentos que devem respeitar na contratação e em que situações são livres de contratar diretamente ou devem lançar procedimentos concorrenciais.
2. Neste contexto, dispõe o Código dos Contratos Públicos ("CCP")[94] que "*o regime da contratação pública estabelecido na parte II do presente Código é aplicável à formação dos contratos públicos, entendendo-se por tal todos aqueles que, independentemente da sua designação e natureza, sejam celebrados pelas entidades adjudicantes referidas no presente Código.*"
3. Face ao referido, as entidades do setor público administrativo (o Estado, as Regiões Autónomas, as Autarquias locais, os institutos públicos, as fundações públicas e associações de entidades públicas e controladas pelas mesmas[95]) encontram-se sujeitas às regras do CCP para a contratação de serviços *cloud*.

---

[94] Artigo 1.º, n.º 2, do CCP.
[95] Elencadas no artigo 2.º, n.º 1, do CCP.

CLOUD – A LEI E A PRÁTICA

4. Ficam igualmente sujeitas ao CCP, para a contratação de serviços *cloud,* as entidades, públicas ou privadas, que tenham sido criadas para satisfazer necessidades de interesse geral, sem caráter comercial ou industrial[96] – *i.e.*, cuja atividade económica se não submeta à lógica de mercado e de livre concorrência – e que estejam sujeitas a influência dominante de entidades públicas por via do financiamento maioritário, do controlo de gestão ou da designação da maioria dos titulares dos órgãos de gestão, administração ou fiscalização ou as associações de que façam parte essas entidades e que sejam pelas mesmas controla-das. Estes não pertencem, no entanto, à Administração Pública, mas podem abranger empresas públicas ou outras.

5. Por último, estão sujeitas ao CCP entidades que atuam nos setores da água, da energia, dos transportes e dos serviços postais[97] (designados por sectores especiais). Trata-se de entidades sujeitas à influência do-minante de entidades referidas *supra* ou que beneficiem de direitos especiais ou exclusivos nos termos referidos na lei. No entanto, estas entidades apenas ficam sujeitas à aplicação do CCP para contratos de prestação de serviços de valor superior a € 418.000.

6. Embora haja regras no CCP que isentam determinados contratos cele-brados por entidades adjudicantes da sua aplicação ou que, verificadas determinadas condições, estabelecem a possibilidade de adoção de regimes especiais mais flexíveis, a verdade é que não existe qualquer regime especial para os contratos de prestação de serviços *cloud*, que são tratados como qualquer outro contrato de prestação de serviços.

7. Desta forma, cumpre analisar os procedimentos que devem ser ado-tados para a sua contratação e quais os fatores que devem ser consi-derados na escolha entre procedimentos.

8. Deve no entanto referir-se que a possibilidade de existência de le-gislação futura que venha a regular especificamente a matéria de formação dos contratos públicos relativos a serviços *cloud* é significa-tiva, tendo sido anunciado pelo Governo, designadamente no "Plano global estratégico de racionalização e redução de custos nas TIC, na

---

[96] Artigos 2.º, n.º 2, e 6.º, n.º 1, alínea e) do CCP.
[97] Nos termos do disposto nos artigos 7.º e seguintes do CCP.

Administração Pública", para o horizonte temporal de 2012 – 2016, que uma das medidas a implementar no contexto do *Cloud Computing* da Administração Pública é precisamente proceder às alterações legislativas de alinhamento entre as compras públicas de *hardware* e *software* e a exploração de uma *Cloud*. Assim, esta matéria deve ser revisitada se e quando a referida alteração legislativa for aprovada e publicada.

B. Os procedimentos "clássicos"

9. O CCP prevê 5 tipos de procedimentos adjudicatórios considerados como os procedimentos clássicos ou típicos de contratação pública, por serem os mais comummente usados e que têm por objeto a adjudicação de um contrato para a execução de determinadas prestações. São eles: o Ajuste Direto, o Concurso Público, o Concurso Limitado por Prévia Qualificação, o Procedimento de Negociação e o Diálogo Concorrencial.

10. Procederemos à análise do regime geral, aplicável à Administração Pública, especificando, quando necessário, as regras aplicáveis às entidades dos setores especiais.

i. O Ajuste Direto

11. O Ajuste Direto é o procedimento mais simples, célere e flexível. Trata-se de um procedimento geralmente utilizado nos procedimentos de menor valor, mas ao qual é também possível recorrer, excecionalmente, na presença de motivos materiais (e legalmente previstos) para o fazer.

12. O Ajuste Direto pode ser um procedimento não concorrencial, quando a entidade adjudicante convida uma única entidade para contratar, ou pode ser um procedimento concorrencial, quando a entidade adjudicante pode igualmente convidar mais do que uma entidade para concorrer. Nesse caso, o Ajuste Direto será um procedimento concorrencial, mas simplificado, na medida em que não é objeto de publicidade, acedendo ao procedimento apenas as entidades convidadas a apresentar proposta pela entidade adjudicante.

13. Os critérios de escolha do Ajuste Direto podem ser o valor do contrato ou critérios materiais.

CLOUD – A LEI E A PRÁTICA

14. Nos contratos de prestação de serviços, é possível recorrer ao Ajuste Direto sempre que o contrato tiver um valor inferior a € 75.000 (ressalva feita para as entidades dos setores especiais previstos no CCP[98] ou para contratos que digam direta e principalmente respeito a atividades dos setores especiais definidas no CCP[99], em que este apenas se aplica para contratos de prestação de serviços de valor superior a € 418.000).

15. Existe um limite à adjudicação dos mesmos contratos às mesmas entidades. A entidade adjudicante não pode convidar empresas a apresentar propostas quando já tenha adjudicado, às mesmas empresas, por Ajuste Direto, contratos com o mesmo objeto, no ano em curso ou nos dois anos económicos anteriores, em valor igual ou superior a € 75.000.

16. O CCP identifica ainda vários motivos[100] em função dos quais é legítimo o recurso ao Ajuste Direto, independentemente do valor do contrato.

Tais motivos são detalhadamente identificados no Anexo V a este guia. Em seguida, destacam-se apenas aqueles cuja aplicação é mais provável para a contratação de serviços *cloud*:

(a) Quando, por motivos técnicos, artísticos ou relacionados com a proteção de direitos exclusivos, a prestação objeto do contrato só possa ser confiada a uma entidade determinada[101]:

   (i) O recurso ao Ajuste Direto por este motivo justifica-se por só uma entidade em todo o espaço comunitário ser capaz de executar o contrato, em função de razões de natureza técnica, artística ou de proteção de direitos exclusivos.

   (ii) Quanto às razões técnicas, o que está em causa é só haver uma empresa com a perícia ou o *know-how* necessário para prestar o serviço em causa.

   (iii) Quanto à proteção de direitos exclusivos, a norma refere-se aos casos em que: *(i)* determinada lei ou ato ou contrato administrativo anterior reserva a uma entidade o exclusivo legal

---

[98] Artigo 7.º do CCP.
[99] Artigos 9.º e seguintes do CCP.
[100] Nos artigos 24.º e 27.º do CCP.
[101] Artigo 24.º, n.º 1, alínea e) do CCP.

de exercício daquela atividade em determinado espaço terri-
torial; *(ii)* por força da titularidade de direitos de propriedade
industrial ou intelectual (nomeadamente, o caso de patentes
e, mais raramente, marcas), só uma entidade está legalmente habilitada a executar, no espaço geográfico relevante, os
serviços protegidos pelo direito exclusivo – não havendo, por
isso, uma alternativa possível ou legítima do ponto de vista
jurídico.

(iv) Admite-se, em abstrato, que se justifique a adjudicação dos
serviços de armazenamento em *cloud* por motivos técnicos,
nomeadamente por razões de interoperabilidade com outros
sistemas de armazenamento da administração pública já em
funcionamento.

(b) Caso um contrato *(i)* venha a ser declarado secreto, *(ii)* se se demonstrar que a respetiva execução deve ser acompanhada de
medidas especiais de segurança, *(iii)* ou caso existam situações em
que a defesa de interesses essenciais do Estado assim o exijam.[102]

(c) Quando não é possível definir aspetos da execução do contrato
de forma suficientemente precisa que permitam comparar ou
diferenciar qualitativamente as propostas em sede de avaliação
e desde que a avaliação quantitativa seja desadequada[103]. No
entanto, este fundamento apenas admite o recurso ao Ajuste
Direto quando o preço base do contrato, *i.e.*, o seu valor máximo, for inferior a € 209.000 ou, nos casos em que a entidade
contratante seja o Estado (no sentido estrito, enquanto Administração Direta), quando o preço base do contrato for inferior a
€ 135.000.

ii. O Concurso Público

17. O Concurso Público tem como elemento característico a sua abertu-
ra ao mercado. Inicia-se com um anúncio em Diário da República e,

---

[102] Artigo 24.º, n.º 1, alínea f) do CCP.
[103] Artigo 27.º, n.º 1, alínea b) do CCP.

CLOUD – A LEI E A PRÁTICA

nalguns casos, também em Jornal Oficial da União Europeia ("JOUE"), permitindo que qualquer interessado possa apresentar proposta.

18. Este procedimento tem apenas uma fase, a da apresentação da proposta, não sendo possível, neste caso, proceder-se à avaliação da capacidade e experiência técnica e financeira dos concorrentes.

19. Para a celebração de um contrato de prestação de serviços, a entidade adjudicante deve escolher, como procedimento de formação do contrato, o Concurso Público ou alternativamente o Concurso Limitado por Prévia Qualificação (ao qual se alude *infra*) sempre que o contrato em causa seja de valor superior ao limiar de aplicação do ajuste direto que, como acima já se referiu, se encontra fixado nos € 75.000. No caso de entidades dos setores especiais, estas podem optar livremente por um dos 3 tipos de procedimentos: o Concurso Público, o Concurso Limitado por Prévia Qualificação ou o Procedimento de Negociação.

20. Os contratos celebrados ao abrigo deste procedimento poderão ser celebrados sem qualquer limite de valor, bastando para tal que o anúncio do procedimento seja publicado no JOUE.

21. Caso contrário, se se pretender lançar um Concurso Público (ou um Concurso Limitado por Prévia Qualificação) sem publicação do anúncio no JOUE, situação que não o isenta da publicação no Diário da República, o valor limite do contrato a celebrar será de € 209.000 e, nos casos em que a entidade contratante for o Estado será, em regra, € 135.000.

iii. O Concurso Limitado por Prévia Qualificação

22. O Concurso Limitado por Prévia Qualificação é, à semelhança do Concurso Público, um procedimento bastante concorrencial uma vez que se inicia igualmente com a publicação de um anúncio em Diário da República e, nalguns casos, também em Jornal Oficial da União Europeia, permitindo que qualquer interessado aceda ao procedimento.

23. No entanto, o Concurso Limitado tem duas fases: uma fase de qualificação prévia do prestador do serviço, na qual se avalia a capacidade

CAPÍTULO 9 | CONTRATAÇÃO PÚBLICA E ASPETOS FINANCEIROS

técnica e financeira dos candidatos à prestação do serviço, e uma fase de apresentação e análise das propostas, na qual os candidatos qualificados são convidados a apresentar proposta para a concreta prestação de serviços.

24. Considerando a sensibilidade e complexidade técnica do serviço, não se exclui que, pelo menos em alguns casos, a capacidade técnica e financeira do prestador seja um fator essencial a considerar pelas entidades adjudicantes para a contratação de serviços *cloud*, devendo nesse caso fazer-se apelo a um Concurso Limitado.

25. O critério de escolha do Concurso Limitado obedece aos mesmos critérios de escolha do Concurso Público, acima referidos.

iv. O Procedimento de Negociação

26. O Procedimento de Negociação segue termos idênticos ao Concurso Limitado por Prévia Qualificação. Tem, no entanto, uma terceira fase, a fase de negociação das propostas admitidas.

27. Porém, no que respeita às entidades do setor público administrativo, o Procedimento de Negociação só pode ser adotado excecionalmente, ou nos casos em que pode igualmente ser adotado o Ajuste Direto, ou com base em critérios materiais estabelecidos na lei. Por regra, esses critérios não se aplicarão no caso de aquisição de serviços *cloud*.

28. Já no que respeita às entidades dos setores especiais, este Procedimento de Negociação pode ser adotado livremente nos casos em que pode ser adotado igualmente o Concurso Público e o Concurso Limitado por Prévia Qualificação.

v. O Procedimento de Diálogo Concorrencial

29. O mesmo se passa, em parte, com o Procedimento de Diálogo Concorrencial. Neste procedimento solicita-se aos candidatos que, previamente à apresentação de propostas, apresentem soluções, com vista a habilitar a entidade adjudicante a elaborar um caderno de encargos. O júri estabelece um diálogo com os candidatos que apresentaram soluções admitidas com vista a discutir todos os aspetos das soluções

apresentadas. Só depois, com base na solução selecionada, terá lugar a fase de apresentação e seleção de propostas.

30. O recurso ao Diálogo Concorrencial pressupõe que o contrato seja particularmente complexo, ao ponto de impossibilitar a adoção do Concurso Público ou do Concurso Limitado.

    Este não será, em regra, o caso dos serviços *cloud*, que vêm suprir uma necessidade relativamente fácil de identificar e suscetível de ser transposta para as peças do procedimento.

C. Outros modos de aquisição – os instrumentos procedimentais especiais

31. O CCP prevê ainda[104] os Instrumentos Procedimentais Especiais. Estes procedimentos são mais flexíveis. Podem servir dois propósitos: o primeiro propósito é escolher os trabalhos para a solução a adquirir ou os candidatos mais aptos a serem potenciais cocontratantes. Neste primeiro caso, o Instrumento Procedimental Especial serve para permitir que a entidade adjudicante, num momento posterior, contrate essa solução, ou contrate com esse cocontratante através de Ajuste Direto ou de um procedimento mais simples e célere; o segundo propósito dos Instrumentos Procedimentais Especiais é o de simplificar e desburocratizar os procedimentos.

32. Enquadram-se aqui *(i)* o concurso de conceção, destinado a selecionar trabalhos de conceção, *(ii)* os sistemas de qualificação, destinados a selecionar uma lista de entidades qualificadas, que serão as consultadas sempre e quando se pretender contratar, e *(iii)* os sistemas de aquisição dinâmicos, para a aquisição de bens e serviços de uso corrente, através de um sistema totalmente eletrónico.

33. Estes instrumentos são, assim, aplicáveis, no caso da aquisição de serviços *cloud*, em situações limitadas. Os sistemas de qualificação apenas se aplicam para contratos que digam, direta e principalmente, respeito a atividades dos setores especiais, os setores da água, da energia, dos transportes e dos serviços postais, tal como definidas no

---

[104] No seu Título IV.

CCP. Os concursos de conceção aplicam-se apenas para a aquisição de trabalhos de conceção. Os sistemas de aquisição dinâmicos apenas se aplicam para a aquisição de serviços de uso corrente.

D. Os acordos quadro

34. O CCP prevê ainda os acordos quadro, destinados a estabelecer contratos quadro ou "chapéu". Estes fixam os termos e condições de aquisição dos contratos de aquisição efetiva, a celebrar posteriormente ao abrigo do acordo quadro. Estes contratos de aquisição poderão depois ser celebrados por Ajuste Direto com o co-contratante do acordo quadro, no caso de ser apenas um, ou através de um procedimento muito simples aberto aos co-contratantes do acordo quadro, no caso de ser mais do que um.

35. Também este não tem sido utilizado por entidades adjudicantes isoladas no caso do *Cloud Computing*, possivelmente por se tratarem, na maioria das situações, de serviços que são prestados durante um determinado período de tempo e de forma contínua (constituindo, assim, contratos de execução continuada, por contraposição a contratos de execução imediata).

Algo diferente é o caso da celebração de acordos quadro por centrais de compras, a que nos referimos *infra*.

E. A contratação centralizada

36. A contratação centralizada consiste na contratação realizada por uma central de compras que celebra contratos de fornecimento com várias entidades. As centrais de compras representam e vinculam contratualmente as entidades adjudicantes. Esta representação significa que os procedimentos lançados e os contratos adjudicados por centrais de compras vinculam todas as entidades adjudicantes. E significa também que as regras dos contratos a celebrar pelas entidades adjudicantes representadas são (em grande parte) definidas nesse procedimento "chapéu".

37. As centrais de compras podem negociar e celebrar os contratos públicos de fornecimento de serviços – como é o caso dos serviços *cloud*

CLOUD – A LEI E A PRÁTICA

– vinculando as entidades públicas aderentes ou vinculadas à central de compras em questão.

38. As contratações centralizadas podem ter por pano de fundo a celebração de um Acordo Quadro. Uma vez celebrado o Acordo Quadro, as entidades públicas aderentes ou vinculadas à central de compras tramitam procedimentos de adjudicação de contratos ao abrigo do Acordo Quadro, que decorrem por recurso ao Ajuste Direto ou procedimento competitivo simples, conforme referido *supra*.

39. A aquisição centralizada de serviços *cloud* pode efetivamente vir a ser o caminho a seguir pelas entidades públicas. De facto, em 11 de dezembro de 2014, a Entidade de Serviços Partilhados da Administração Pública ("ESPAP") – que vincula os serviços da administração direta do Estado e os institutos públicos, mas à qual podem aderir outras entidades públicas, designadamente entidades públicas empresariais – promoveu uma Consulta Pública[105] quanto ao "Acordo Quadro de serviços de computação em nuvem". Nessa Consulta Pública, a ESPAP propunha-se, especialmente, "*a incentivar a participação construtiva e produtiva na preparação do procedimento (...)*".

40. Desse documento resultava que a ESPAP se preparava para lançar um Concurso Limitado por Prévia Qualificação para celebração de um Acordo Quadro para a prestação de serviços de computação em nuvem pública. Tais serviços seriam prestados através de plataforma dedicada à Administração Pública por organismos da Administração Pública Portuguesa.

41. Esta solução significaria que o procedimento para a prestação de serviços *cloud* teria uma fase de qualificação, na qual se avaliaria a capacidade técnica e financeira dos candidatos. A fase de avaliação de propostas, a decorrer entre os candidatos qualificados, avaliaria cada lote (ou grupo de serviços) separadamente, admitindo-se os concorrentes ao Acordo Quadro por ordem da classificação das propostas em cada lote ou grupo[106].

---

[105] Disponível em https://www.espap.pt/servicos/paginas/spcp.aspx#maintab12.

[106] De acordo com a Consulta Pública, seriam adjudicadas em cada lote, N-1 propostas, no limite máximo de 10 propostas e o mínimo de 3. Desde que houvesse mais do que 3 propostas, portanto, a pior classificada seria excluída do Acordo Quadro.

CAPÍTULO 9 | CONTRATAÇÃO PÚBLICA E ASPETOS FINANCEIROS

42. A ESPAP planeava lançar o concurso em 27 lotes, divididos em 6 grupos: serviços de e-mail (lotes 1 a 4); serviços de *fileshare*/SaaS (lotes 5 a 8); serviços de *e-IDM*/SaaS (lotes 9 a 12); serviços de alojamento ou *housing* (lotes 13 a 15); serviços de infraestrutura como serviço IaaS (lotes 16 a 23); e Serviços combinados de e-mail + *fileshare* + *e-IDM* (lotes 24 a 27).

43. Este método de contratação é, de alguma forma, consentâneo com a estratégia delineada no *"Plano global estratégico de racionalização e redução de custos nas TIC na Administração Pública – Horizonte 2012-2016"*. Nesse documento previa-se a criação de um catálogo de *software* reforçado com as aplicações construídas pelo Estado, bem como a avaliação dos custos e benefícios da adoção de uma *Cloud* para toda a Administração Pública.

44. Este documento estabelece como medida específica a criação de uma *Cloud* governamental (denominada *Governamental Open Cloud – "GO--Cloud"*). O Plano Global Estratégico admite que a *Cloud* governamental possa ser privada, comunitária ou híbrida, sem no entanto avançar com um tipo concreto de *Cloud*. Preconiza-se, apenas, que a solução escolhida seja aberta e possa interligar-se com outras *Clouds* públicas ou privadas.

45. Entretanto, o Comité de Planeamento e Operações ESPAP publicou um novo documento, intitulado *"A ambição da Gov Cloud"*[107]. Nesse documento, esclarece-se que a Gov Cloud será integrada num projeto de candidatura aos fundos comunitários do acordo de parceria Portugal 2020.

46. Em consonância com essa estratégia, a Presidência do Conselho de Ministros publicou, a 6 de agosto de 2015, o DL 151/2015. De acordo com o artigo 1.º, o diploma *"estabelece, no âmbito dos procedimentos de aquisição de bens e serviços de tecnologias de informação e comunicação (TIC), a obrigatoriedade de verificação prévia da possibilidade de estes bens e serviços serem fornecidos por serviços ou organismos da Administração Pública, através da Rede Operacional de Serviços Partilhados de Tecnologias de Informação e*

---

[107] Disponível em https://www.espap.pt/Documents/espap_lab/07CS_20150505_rSPtic.pdf (link consultado a 22.01.2016).

Comunicação da Administração Pública (RSPTIC)", rede essa que é gerida pela ESPAP.

47. Finalmente, no Plano Estratégico de Serviços Partilhados da Administração Pública 2015-2017 refere-se, na página 65, que *"no âmbito do Plano Global Estratégico de TIC, e no que respeita à racionalização de Centros de Processamento de Dados,* é definida como prioridade que a centralização se faça, sempre que possível, recorrendo a tecnologias de computação em nuvem. *A Rede operacional de Serviços Partilhados de TIC **terá também como objetivo a criação da cloud governamental,** através da centralização das capacidades disponíveis nas clouds privadas já implementadas ou a implementar e recurso concertado ao mercado para disponibilização de clouds públicas, sempre que seja economicamente vantajoso e a confidencialidade dos sistemas e informação em causa não seja um obstáculo. Num nível superior de disponibilização de serviços em cloud, a eSPap vê vantagem para a Administração Pública, entre outras possibilidades, **na existência de soluções transversais de storage e de correio eletrónico, e irá promover a criação destas ofertas no seio da Rede operacional de Serviços Partilhados de TIC"***[108].

48. Tudo isto aponta para uma preferência pela aquisição centralizada, que permite a uniformização das especificações técnicas e facilita o estabelecimento de uma plataforma comum à Administração Pública (ou, pelo menos, ao maior número de entidades possíveis), à luz de um mesmo contrato ou de um Acordo Quadro de onde derivem outros contratos a celebrar ao seu abrigo.

49. Face a estes dados, não será de excluir que outras pessoas coletivas públicas enveredem pela contratação centralizada destes serviços – provavelmente por via da adesão ao Acordo Quadro a celebrar pela ESPAP, seja pelo lançamento de um concurso ou de um Acordo Quadro por centrais de compras próprias dessas entidades.

---

[108] Disponível em https://www.espap.pt/Documents/espap_lab/PESPAP_Relatorio_VE_1.0.pdf (link consultado a 22.01.2016).

F. Os Cadernos de Encargos

50. Os Cadernos de Encargos dos procedimentos devem incluir as cláusulas jurídicas e técnicas a incluir no contrato a celebrar.
51. Devem indicar, por um lado, todos os aspetos de execução do contrato que são imperativos e não sujeitos à concorrência, nomeadamente mediante a fixação de limites mínimos ou máximos a que as propostas estão vinculadas. Aqui se incluirão todos os aspetos a que a entidade adjudicante considera essencial que os concorrentes se vinculem através das suas propostas para a celebração do contrato.
52. Devem indicar, por outro lado, os aspetos de execução do contrato sujeitos à concorrência, que são deixados à liberdade dos concorrentes nas suas propostas e que serão objeto de avaliação, sendo, por isso, refletidos nos critérios de adjudicação. Neste caso, podem ou não ser indicados parâmetros base a que as propostas estão vinculadas e que limitam a liberdade dos concorrentes nas suas propostas.
53. Incluem-se naquelas disposições, designadamente, o preço, as especificações técnicas, as funcionalidades pretendidas (especialmente, confidencialidade, níveis de acesso e obrigações de reporte, caso existam), os serviços complementares esperados, as características do Centro de Processamento de Dados, o grau de interação e acesso exigido da *Cloud* (se a *Cloud* deve ser acessível a toda a Administração Pública, caso necessário, ou apenas à Entidade Adjudicante), entre outros aspetos.

CLOUD – A LEI E A PRÁTICA

II. Fiscalização prévia do Tribunal de Contas

A. Contratos sujeitos a visto prévio

54. As entidades públicas sujeitas a fiscalização prévia são o Estado, as regiões autónomas, as autarquias locais, os institutos públicos, as instituições de segurança social, as associações públicas, de entidades públicas ou que sejam financiadas maioritariamente ou sujeitas ao controlo de gestão de entidades públicas, as empresas públicas e as empresas municipais, multimunicipais e regionais, as entidades criadas pelo Estado ou por entidades públicas para desempenhar funções administrativas originariamente a cargo da Administração Pública, com encargos suportados por financiamento direto ou indireto da entidade que os criou.

55. Em geral, contratos de aquisição de serviços celebrados por entidades públicas ou por entidades financiadas por dinheiros públicos estão sujeitos a fiscalização prévia sempre que forem de valor superior a € 350.000[109].

56. Os limiares são revistos anualmente na lei do Orçamento de Estado. O limiar referido era o aplicável em 2015.

57. Existe um limiar especial para os contratos celebrados por associações públicas, associações de entidades públicas ou associações de entidades públicas e privadas que sejam financiadas maioritariamente por entidades públicas ou sujeitas ao seu controlo de gestão; por empresas públicas, incluindo as entidades públicas empresariais; ou por empresas municipais, intermunicipais e regionais; em qualquer caso quando desempenhem funções administrativas originariamente a cargo da Administração Pública com encargos suportados por financiamento direto ou indireto, incluindo a constituição de garantias, da entidade que os criou[110].

---

[109] É o que resulta da leitura conjugada do artigo 46.º, n.º 1, al. b) e c), e do artigo 48.º da Lei de Organização e Processo do Tribunal de Contas ("LOPTC").

[110] Entidades identificadas nas alíneas a), b) e c) do n.º 2 do artigo 2.º e artigo 5.º, n.º 1, alínea c).

CAPÍTULO 9 | CONTRATAÇÃO PÚBLICA E ASPETOS FINANCEIROS

58. Tais contratos só estarão sujeitos a fiscalização prévia do Tribunal de Contas, em princípio, se o seu valor for superior a € 5.000.000[111].

B. Efeitos da não sujeição a fiscalização prévia ou recusa de visto

59. Os contratos não sujeitos a fiscalização prévia executam-se normalmente, sem qualquer formalidade ou constrangimento junto do Tribunal de Contas.
60. Nos contratos sujeitos a visto, o visto é condição de eficácia financeira dos contratos. Na prática, isto significa que os serviços podem começar a ser prestados antes da emissão do visto, mas que a entidade pública só pode proceder aos pagamentos previstos no contrato depois de o visto ser emitido.
61. Caso o visto venha a ser recusado, os (eventuais) serviços prestados após a celebração do contrato e até à data da notificação da recusa do visto, poderão ser pagos após essa notificação, desde que o respetivo valor não ultrapasse a programação contratualmente estabelecida para o mesmo período.
62. Nos contratos de valor superior a € 950.000, contudo, o visto é condição de eficácia jurídica total do contrato – nem a prestação de serviços pode começar nem o pagamento pode ocorrer antes de o visto ser emitido[112].

III. A relevância da Lei dos Compromissos – "o documento de compromisso"

63. A Lei de Compromissos e Pagamentos em atraso[113] determina os termos da assunção de compromissos financeiros e a regulamentação dos respetivos pagamentos por parte da Administração Pública.
64. Essencialmente, esta lei determina que os compromissos – as obrigações de efetuar pagamentos a terceiros em contrapartida pelo

---

[111] Artigo 47.º, n.º 1 da LOPTC.
[112] Artigo 45.º da LOPTC.
[113] Lei n.º 8/2012, de 21 de Fevereiro, disciplinada pelo Decreto-Lei n.º 127/2012, de 21 de junho.

fornecimento de bens ou serviços – a assumir pela Administração Pública não devem exceder os fundos disponíveis. Para assegurar esse equilíbrio entre compromissos e fundos disponíveis, a lei em causa promove um controlo prévio dos compromissos. Assim, nenhum compromisso pode ser assumido sem:

(a) Verificação da respetiva conformidade legal e regularidade financeira;

(b) Registo no sistema informático de apoio à execução orçamental; e sem

(c) Emissão de um número de compromisso válido e sequencial, refletido na ordem de compra, nota de encomenda, contrato ou documento equivalente.

65. A falta desses elementos implica a nulidade do contrato, pelo que, independentemente do procedimento utilizado para a contratação de serviços *cloud*, o contrato (ou documento equivalente) deve vir sempre instruído do número de compromisso.

PERGUNTAS FREQUENTES| *CLOUD – A LEI E A PRÁTICA*

Respostas a Perguntas Frequentes

Grupo 1 | Localização e Proteção de Dados Pessoais

1. **É possível definir/saber o local geográfico onde a minha informação está alojada?**

Sim, é possível, desde que o Prestador de Serviços *cloud* o permita. Para tanto, o sistema do Prestador de Serviços deve permitir *(i)* a definição do(s) centro(s) de dado(s) onde a informação ficará alojada e *(ii)* a pesquisa, a identificação e a indicação da localização dos dados. Alguns Prestadores de Serviços poderão não ter estas funcionalidades disponíveis ou tais funcionalidades poderão ter implicações no preço dos serviços.

2. **A localização da *Cloud* onde são alojados os dados é relevante em matéria de proteção de dados pessoais?**

Sim, na medida em que a localização geográfica da *Cloud* (ou do Prestador de Serviços) poderá determinar o cumprimento de regulação específica de uma geografia (isto é, um país ou um conjunto de países com regulação comum ou similar). Por exemplo, dependendo da localização da *Cloud* poderão ter de ser equacionadas as regras de transferências internacionais de dados aplicáveis (note-se que dentro da União Europeia/Espaço Económico Europeu a transferência de dados é livre).

CLOUD – A LEI E A PRÁTICA

> *Alguns prestadores de serviços cloud permitem aos clientes dos seus serviços cloud a opção de armazenamento dos dados numa determinada geografia, sem custo adicional, podendo ser seleccionada a União Europeia.*

3. Como poderá assegurar-se que a transferência de dados para fora da União Europeia cumpre a legislação de proteção de dados pessoais europeia?

A transferência de dados pessoais para países terceiros (isto é, países localizados fora da União Europeia/Espaço Económico Europeu) é possível desde que para um país com um nível de proteção adequado. Caso o país em questão não tenha um nível de proteção adequado, a transferência de dados é permitida, designadamente, se tiverem sido celebrados contratos com o conteúdo das cláusulas contratuais-tipo aprovadas pela Comissão Europeia com as entidades destinatárias dos dados.

4. Quem é o responsável pelo tratamento dos dados pessoais alojados numa *Cloud*?

O responsável pelo tratamento dos dados pessoais alojados numa *Cloud* é, em regra, o Cliente dos serviços *cloud*. *É ao Cliente que cabe cumprir as obrigações previstas por lei em matéria de privacidade e proteção dos dados pessoais,* as quais são aplicáveis tanto ao tratamento de dados pessoais alojados em *Cloud como* na infraestrutura instalada no cliente. De entre essas obrigações, destacam-se as existentes perante a Comissão Nacional de Proteção de Dados (desde logo, a obrigação de notificação do tratamento de dados) e as perante os titulares cujos dados são objeto de tratamento (desde logo, a obtenção do consentimento ou a prestação da informação sobre a forma e finalidades para as quais os dados são tratados).

5. Quais são as obrigações de um Prestador de Serviços *cloud* em matéria de proteção de dados pessoais?

As obrigações do Prestador de Serviços *cloud* não resultam diretamente da lei, mas da relação estabelecida com o Cliente (o qual será, em regra, o responsável

RESPOSTAS A PERGUNTAS FREQUENTES

pelo tratamento dos dados). Cabe ao Prestador de Serviços *cloud (i)* cumprir as instruções do cliente no tratamento dos dados pessoais e *(ii)* colocar em prática as adequadas medidas de segurança para proteger tais dados contra a sua perda ou destruição acidental e o acesso de terceiros não autorizados. Para tanto, o Prestador de Serviços *cloud* deve garantir que o serviço que presta é suscetível de ser configurado de modo a que tanto este como o cliente possam cumprir tais regras.

> *Existem já prestadores de serviços cloud que disponibilizam um conjunto detalhado de compromissos contratuais e funcionalidades com o objetivo de permitir aos seus clientes dos serviços cloud o cumprimento das respetivas obrigações em matéria de proteção de dados na utilização desses serviços.*

6. **Que funcionalidades podem ser oferecidas ou que compromissos podem ser assumidos por um Prestador de Serviços *cloud* para permitir o cumprimento da legislação de proteção de dados pessoais nacional e europeia?**

O prestador de serviços *cloud* pode disponibilizar determinadas funcionalidades e, bem assim, assumir determinados compromissos perante o Cliente dos serviços *cloud* de modo a facilitar o cumprimento da legislação nacional e europeia de proteção de dados pessoais por este último:

(a) A celebração de um contrato escrito que regule a realização de operações de tratamento de dados em subcontratação e que vincule o prestador de serviços *cloud*, enquanto subcontratante, ao responsável pelo tratamento (de acordo com o artigo 14.º, n.º 3 da LPDP);

(b) A estipulação no referido contrato de que o prestador de serviços *cloud* apenas atua mediante instruções do responsável pelo tratamento (de acordo com o artigo 14.º, n.º 3 da LPDP);

(c) A especificação das medidas de segurança técnicas e organizativas da responsabilidade do Prestador de Serviços *cloud* (de acordo com o artigo 14.º, n.º 3 da LPDP);

CLOUD – A LEI E A PRÁTICA

(d) A opção contratual de regular todas as transferências de dados do cliente para fora da União Europeia/Espaço Económico Europeu pelas Cláusulas Contratuais-tipo aprovadas pela Comissão Europeia (nos termos da Decisão 2010/87/UE, de 5 de fevereiro de 2010);

(e) A opção contratual de armazenamento dos dados do Cliente dos serviços *cloud* em território da União Europeia/Espaço Económico Europeu;

(f) A certificação dos serviços *cloud* de acordo com a norma internacional ISO 27018 (proteção de dados pessoais na *cloud*) ou, em alternativa, a estipulação dos controlos que implementem os mesmos princípios base, onde se destacam:

    (i) Não utilização de dados do Cliente para fins de publicidade ou marketing a menos que seja obtido consentimento expresso do Cliente;

    (ii) Transparência sobre a localização de armazenamento de dados do Cliente;

    (iii) Controlo do Cliente sobre como os seus dados são utilizados;

    (iv) Informação do Cliente sobre a política de retenção e eliminação de dados utilizada relativamente aos dados do Cliente;

    (v) Comunicação ao Cliente de quebras de segurança que afetem os seus dados;

    (vi) Auditorias independentes aos serviços *cloud* como comprovativo de conformidade.

> *As Cláusulas Contratuais-tipo aprovadas pela Comissão Europeia são atualmente um dos instrumentos mais comuns que, em matéria de proteção de dados pessoais, legitimam as transferências internacionais de dados para fora do Espaço Económico Europeu.*

7. É preciso notificar os clientes/utilizadores finais do recurso a serviços de *Cloud Computing*?

Por regra, não. No entanto, deverá ter-se em consideração o disposto em matéria de tratamento de dados pessoais, designadamente se estiver em causa a

RESPOSTAS A PERGUNTAS FREQUENTES

transferência deste tipo de dados para países fora da União Europeia/Espaço Económico Europeu, em que a autorização da Comissão Nacional de Proteção de Dados pode ser necessária.

8. É preciso notificar a Comissão Nacional de Proteção de Dados (CNPD) do recurso a serviços de *cloud computing*?

Sim. O recurso a serviços de *cloud computing* engloba, do ponto de vista da proteção de dados pessoais, duas vertentes: por um lado, implica sempre o recurso a um Prestador de Serviços externo; por outro, pode ou não implicar, dependendo da localização da *Cloud* e do próprio prestador, uma transferência internacional de dados. Tal significa que a transferência internacional de dados só deve ser notificada à CNPD caso ocorra e que a subcontratação do Prestador de Serviços deve ser sempre notificada (mesmo que este se encontre localizado em Portugal). Tal sucede, aliás, com o recurso ao *outsourcing* e a outros Prestadores de Serviços que acedam e tratem dados pessoais da responsabilidade do Cliente. Assim sendo, o recurso a um novo Prestador de Serviços (seja de serviços *cloud* ou outros) deve ser incluído em notificação ou pedido de autorização à CNPD (por exemplo, através da atualização de notificação anterior).

> *A transferência de dados pessoais dentro da UE/EEE é livre, podendo ocorrer entre empresas localizadas em países da UE/EEE sem necessidade de autorização prévia da CNPD.*

Grupo 2 | Segurança e Conformidade

9. A celebração de um contrato com o Prestador de Serviços *cloud* é suficiente para garantir a proteção da informação armazenada?

Não, sendo igualmente necessário que sejam adotadas as medidas técnicas e organizacionais com esse propósito. Contudo, constituiu uma garantia adicional, na medida em que permite o estabelecimento de disposições contratuais que regulem especificamente as matérias associadas à segurança da

CLOUD – A LEI E A PRÁTICA

informação e à proteção dos dados armazenados, cujo incumprimento pode originar responsabilidade contratual.

10. Como poderá ser assegurada contratualmente a qualidade do serviço?

O contrato deverá contemplar níveis de serviço (SLAs), designadamente no que respeita a disponibilidade e reposição do serviço, segurança e proteção de dados. Poderão ainda ser fixadas penalidades pelo incumprimento de SLAs.

11. Que vantagens existem para o Cliente na certificação de serviços *cloud* segundo normas internacionais?

As certificações de serviços *cloud* segundo normas e quadros de controlo internacionalmente reconhecidos como as melhores práticas da indústria asseguram ao Cliente a adoção, pelo Prestador de Serviços *cloud*, dessas melhores práticas, para além de controlos apertados, relativos ao tema da certificação: seja de segurança da informação, proteção de dados pessoais, encriptação, entre outros.

A adoção de serviços *cloud* certificados segundo normas internacionais reconhecidas oferece um nível de confiança adicional sobre a segurança e a confiabilidade desses serviços (para além de, em muitos casos, facilitar a manutenção da conformidade a que o próprio Cliente se encontra obrigado por legislação ou regulação específica).

Alguns Prestadores de Serviços *cloud* estão inclusive disponíveis para partilhar com Clientes, normalmente mediante assinatura de um Acordo de Não Divulgação, relatórios de auditoria por entidades independentes que atestam a conformidade dos seus serviços segundo as normas auditadas, como forma de fornecer evidências adicionais de conformidade e de cimentar a confiança nos serviços prestados.

12. Existem algumas instituições públicas responsáveis pela certificação de serviços?

Sim, por exemplo a International Organization for Standardization ("ISO"). Esta entidade tem várias certificações, como a ISO 27001, ISO 27002, ISO

27018 (primeiro *standard internacional de proteção de dados pessoais na cloud*) que confirmam a adoção por um Prestador de Serviços *cloud* de apertadas medidas e das melhores práticas relativas à segurança e privacidade da informação armazenada na sua *cloud*.

Existe também uma Lista de Certificações *Cloud ("Cloud Certification Schemes List"* ou "CCSL") desenvolvida pela Comissão *Europeia e pela European Union Network and Information Security Agency* ("ENISA") com uma série de esquemas de certificação para os Prestadores de Serviços *cloud*.

13. A adoção de serviços *cloud* pode assegurar a conformidade de uma entidade com os requisitos a que está adstrita do ponto de vista regulatório?

O cumprimento dos requisitos, quer legais quer regulatórios, a que uma entidade se encontra obrigada é responsabilidade dessa entidade, independentemente do recurso a serviços *cloud*. Importa, por isso, que a entidade, com a ajuda do Prestador de Serviços *cloud*, avalie se os serviços disponibilizados e respetivas funcionalidades podem ser usados de forma a garantir o cumprimento das obrigações existentes.

> *Existem já prestadores de serviços cloud que disponibilizam adendas aos seus termos contratuais de serviços cloud, elaboradas para o setor financeiro, para endereçar requisitos regulatórios específicos do setor.*

14. Que entidades, designadamente públicas, podem aceder à minha informação alojada na *cloud*?

Os tribunais e as autoridades competentes, nos termos da lei aplicável no caso concreto. Em Portugal, esta possibilidade é conferida, por exemplo, em matéria de investigação criminal, e dependendo da natureza dos dados, mediante *(i)* decisão judicial para tal e *(ii)* apenas para efeitos de prevenção, investigação, deteção e repressão de crimes. Em princípio, também as autoridades de regulação e supervisão poderão aceder à informação, uma vez cumpridos os requisitos legais aplicáveis.

CLOUD – A LEI E A PRÁTICA

Grupo 3 | Preço dos Serviços e Licenciamento

15. O Prestador de Serviços *cloud* pode alterar livremente o conteúdo e/ou o preço dos serviços?

A alteração depende do estipulado no contrato acordado entre o Cliente e o Prestador de Serviços *cloud*. É comum, no entanto, que no contrato se prevejam algumas alterações permitidas ao Prestador de Serviços de modo a manter a standardização do serviço, como, por exemplo, a adoção de novas versões de *software* ou a atualização do preço de acordo com um índice pré-fixado.

16. Nos serviços *cloud* tenho de pagar licenças de *software* e/ou de manutenção?

Dependendo das condições contratuais aplicáveis, o preço dos serviços – sejam estes prestados na modalidade de consumo ou na modalidade de subscrição –, poderá incluir o valor da licença de *software* e manutenção associada.

Grupo 4 | Responsabilidade e Penalizações

17. De quem é a informação que está na *cloud*?

Depende do estipulado no contrato e da informação em causa. Se nada estiver estabelecido, em regra a informação será da entidade que a disponibilizou para alojamento na *cloud*, sem prejuízo das regras de propriedade intelectual e de proteção de dados pessoais aplicáveis.

> *Alguns prestadores de serviços cloud garantem aos seus clientes, nos próprios termos dos serviços cloud, que não utilizarão os dados do cliente nem as informações derivadas dos mesmos para qualquer publicidade ou outros fins comerciais semelhantes."*

RESPOSTAS A PERGUNTAS FREQUENTES

18. No caso de perda de dados armazenados na *cloud*, quem é o responsável e quais são as principais sanções aplicáveis?

O responsável pela eventual perda de dados armazenados poderá ser o Prestador de Serviços *cloud*, nos termos previstos no contrato, podendo ainda haver direito à indemnização ao Cliente pelos danos causados.

19. Qual é a responsabilidade do Prestador de Serviços no caso de ter incumprido o contrato?

O Prestador de Serviços *cloud* responde pelos danos causados ao Cliente que sejam decorrentes do incumprimento das suas obrigações, nos termos gerais de direito, tal como sucede em qualquer outro contrato. Contudo, o contrato pode estabelecer previamente algumas regras e limites à responsabilidade das partes, bem como a existência de penalidades.

Grupo 5 | Dados de Entidades Públicas

20. É possível armazenar dados de entidades públicas na *cloud* de uma entidade privada? E é possível escolher o tipo e o modelo de serviço *cloud*?

Sim, é possível, na medida em que não existe proibição legal genérica de armazenamento de informação ou dados de entidades públicas na *cloud* (incluindo em *clouds* de entidades privadas). Não existe, igualmente, imposição legal genérica quanto ao tipo de cloud e de serviço, pelo que o Cliente poderá escolher de entre os modelos de serviço disponíveis.

No entanto, entidades competentes nacionais e internacionais têm-se pronunciado pela preferência na adoção de uma *cloud* privada ou comunitária, exclusiva para entidades públicas, em função da natureza da informação a armazenar. Devem, ainda, continuar a ser cumpridas as obrigações legais aplicáveis a informação protegida por segredo de Estado e demais informação classificada, bem como as obrigações contratuais referentes a informações protegidas ao abrigo de vínculos contratualmente assumidos.

CLOUD – A LEI E A PRÁTICA

> *Uma cloud híbrida, com uma componente pública e outra pri-*
> *vada, permite tirar partido dos dois mundos: das vantagens da*
> *hiper escala, não replicáveis localmente, e do cumprimento de*
> *requisitos que requeiram uma infraestrutura local.*

21. O armazenamento de dados de entidades públicas em *clouds* "privadas" e/ou localizadas noutros países implica alguma violação da soberania do Estado?

Não necessariamente. No entanto, relativamente ao armazenamento na *cloud* de dados protegidos por segredo de Estado e/ou informação classificada, tem sido apontada, por autoridades nacionais e internacionais, a existência de particulares riscos para a independência e a segurança do Estado caso seja permitido o acesso, por privados, a esses dados.

É, por isso, uma vez mais importante que os Clientes/entidades públicas adotem especiais medidas de segurança e particulares cuidados na escolha do Prestador de Serviços *cloud*, o qual deverá assegurar, por exemplo, que os dados públicos são alojados de forma a não permitir a sua partilha com terceiros, bem como a garantir o cumprimento de todos os requisitos aplicáveis na legislação local para o acesso a informação pública.

22. É possível armazenar na *cloud* qualquer tipo de dados "públicos" ou existem limitações relativas à natureza dos dados a alojar?

É possível, em regra, armazenar na *cloud* dados de entidades públicas, desde que cumpridos determinados requisitos associados à natureza dos dados a alojar e sem prejuízo de algumas condicionantes aplicáveis à mesma.

Por exemplo, em Portugal, o acesso a informação protegida por segredo de Estado ou informação classificada obedece a especiais requisitos que o Prestador de Serviços *cloud* terá de cumprir (como por exemplo, a obtenção de uma credenciação de segurança atribuída pelo Gabinete Nacional de Segurança (GNS)).

> *O Governo do Reino Unido definiu em 2014 uma nova clas-sificação de segurança para a sua informação governamental, simplificando a classificação anterior para apenas três níveis: Official, Secret e Top Secret. O nível "Official" passou a englobar a informação anteriormente classificada até ao nível "Restricted", inclusive (estimam-se ~90% dos dados públicos). A generalidade da informação de nível "Official" passa a poder utilizar serviços da cloud pública, desde que devidamente conformes com os requisitos de segurança definidos pelo Governo do Reino Unido.*
> – *OFFICIAL – The majority of information that is created or processed by the public sector. This includes routine business operations and services, some of which could have damaging consequences if lost, stolen or published in the media, but are not subject to a heightened threat profile.*
> – *SECRET – Very sensitive information that justifies heightened protective measures to defend against determined and highly capable threat actors. For example, where compromise could seriously damage military capabilities, international relations or the investigation of serious organized crime.*
> – *TOP SECRET – HMG's most sensitive information requiring the highest levels of protection from the most serious threats. For example, where compromise could cause widespread loss of life or else threaten the security or economic wellbeing of the country or friendly nations.*
> *(vide Government Security Classifications, UK Cabinet Office, April 2014)*

Grupo 6 | Contratação Pública

23. Em que casos deve a contratação de serviços *cloud* ser precedida de procedimentos de contratação pública?

Sempre que tais serviços sejam adquiridos por entidades adjudicantes indicadas para esse efeito no Código dos Contratos Públicos ("CCP") – as entidades do setor público administrativo, que englobam o Estado, as Regiões Autónomas, as autarquias locais, os institutos públicos, as fundações públicas, as

CLOUD – A LEI E A PRÁTICA

associações públicas e as associações de que façam parte uma ou várias dessas pessoas coletivas, desde que sejam controladas pelas mesmas.

De igual forma a aquisição por entidades, públicas ou privadas, que tenham sido criadas para satisfazer necessidades de interesse geral, sem caráter comercial ou industrial – *i.e.*, cuja atividade económica se não submeta à lógica de mercado e de livre concorrência – e que estejam sujeitas a influência dominante de entidades públicas por via do financiamento maioritário, do controlo de gestão ou da designação da maioria dos titulares dos órgãos de gestão, administração ou fiscalização ou as associações de que façam parte essas entidades e pelas mesmas controladas. Estes não pertencem, no entanto, à Administração Pública, mas podem abranger empresas públicas ou outras.

Por último, a aquisição por entidades que atuam em atividades dos setores, designados de setores especiais, da água, da energia, dos transportes e dos serviços postais, nos termos do disposto nos artigos 7.º e seguintes do CCP. Trata-se de entidades sujeitas à influência dominante de entidades referidas supra ou que beneficiem de direitos especiais ou exclusivos nos termos referidos na lei. No entanto, estas entidades apenas ficam sujeitas à aplicação do CCP para contratos de prestação de serviços de valor superior a € 418.000.

24. Quais os procedimentos que podem ser utilizados para a aquisição dos serviços?

O CCP prevê 5 tipos de procedimentos adjudicatórios considerados como os procedimentos clássicos ou típicos de contratação pública, por serem os mais comummente usados e que têm por objeto a adjudicação de um contrato para a execução de determinadas prestações. São eles: *(i)* o Ajuste Direto, procedimento sem publicação sujeito a convite à ou às entidades selecionadas *(ii)* o Concurso Público, com publicação e com uma fase, de apresentação e avaliação da proposta *(iii)* o Concurso Limitado por Prévia Qualificação, com publicação e com duas fases, a da qualificação da capacidade técnica e financeira dos candidatos e a da apresentação e avaliação da proposta *(iv)* o Procedimento de Negociação, em tudo idêntico ao concurso limitado, mas com uma terceira fase de negociação das propostas admitidas e *(v)* o Diálogo Concorrencial, para contratos particularmente complexos, em que é solicitada, numa primeira fase, a apresentação de propostas de soluções.

RESPOSTAS A PERGUNTAS FREQUENTES

São vários os critérios de seleção de cada um daqueles procedimentos. A regra geral assenta na escolha em função do valor do contrato. No entanto, existem igualmente critérios materiais de escolha dos procedimentos.

O CCP prevê ainda os Instrumentos Procedimentais Especiais, nos quais se enquadram *(i)* o concurso de conceção, destinado a selecionar trabalhos de conceção, *(ii)* os sistemas de qualificação, destinados a selecionar uma lista de entidades qualificadas, que serão as consultadas sempre e quando se pretender contratar (apenas aplicável no âmbito dos setores especiais), e *(iii)* os sistemas de aquisição dinâmicos, para a aquisição de bens e serviços de uso corrente, através de um sistema totalmente eletrónico.

Estes instrumentos serão, no entanto, pela sua natureza, aplicáveis num número limitado de casos à aquisição de serviços de *cloud*.

25. Que tipos de procedimentos permitem a contratação mais célere e flexível de serviços *cloud*?

O Ajuste Direto é o procedimento mais célere e flexível, uma vez que a entidade adjudicante pode escolher livremente uma ou mais entidades a apresentar proposta e é um procedimento célere.

Pode ser celebrado um Acordo Quadro, que deve ser sujeito a um procedimento de concurso público ou de concurso limitado por prévia qualificação, mas permite que os contratos específicos para a prestação concreta dos serviços que são celebrados ao seu abrigo sejam sujeitos a um procedimento de ajuste direto (se o acordo quadro for celebrado apenas com uma entidade) ou um procedimento competitivo muito simples (se o acordo quadro for celebrado com duas ou mais entidades).

A Administração Pública pode ainda utilizar as compras centralizadas, através de uma central de compras que represente várias entidades, o que permite lançar um único procedimento para a prestação dos serviços a várias entidades. De igual forma os acordos quadro podem ser contratados por via de um procedimento centralizado.

CLOUD – A LEI E A PRÁTICA

26. Quais os aspetos essenciais a considerar na preparação do Caderno de Encargos de forma a receber propostas adequadas às necessidades?

O Caderno de Encargos deve incluir as cláusulas jurídicas e técnicas a incluir no contrato a celebrar. Deve indicar todos os aspetos de execução do contrato que são imperativos e não sujeitos à concorrência, nomeadamente mediante a fixação de limites mínimos ou máximos a que as propostas estão vinculadas, bem como os aspetos sujeitos à concorrência, com ou sem parâmetros base a que as propostas estão vinculadas.

Incluem-se naquelas disposições, designadamente, o preço, as especificações técnicas, as funcionalidades pretendidas (especialmente confidencialidade, níveis de acesso e obrigações de reporte, caso existam), os serviços complementares esperados, as características do Centro de Processamento de Dados, o grau de interação e acesso exigido aos serviços contratados na *cloud* (se devem ser acessíveis a toda a Administração Pública, caso necessário, ou apenas à Entidade Adjudicante), entre outros aspetos.

27. Que contratos estão sujeitos ao processo de fiscalização prévia do Tribunal de Contas?

Em regra, e pelo menos enquanto não for aprovado o Orçamento de Estado para 2016, contratos de valor superior a € 350.000, valor este que se aplica a contratos celebrados pela Administração Pública.

Se o contrato for celebrado por associações públicas, associações de entidades públicas ou associações de entidades públicas e privadas financiadas maioritariamente por entidades públicas ou sujeitas ao seu controlo de gestão, ou ainda por empresas públicas, municipais, intermunicipais e regionais, que não desempenhem funções administrativas originariamente a cargo da Administração Pública com encargos suportados por financiamento direto ou indireto, só estarão sujeitos a fiscalização prévia os contratos de valor superior a € 5.000.000.

RESPOSTAS A PERGUNTAS FREQUENTES

Grupo 7 | Outras Disposições Contratuais e Questões Genéricas

28. É possível negociar o conteúdo de um contrato? E existe alguma minuta-tipo de contrato de *cloud*?

Sim, é possível, mesmo existindo por parte do Prestador de Serviços *cloud* minutas-tipo ou padronizadas. No entanto, baseando-se os seus termos numa oferta tendencialmente *standard* é natural que os contratos sejam *standard* na maioria dos seus elementos.

29. É possível escolher a lei aplicável e o tribunal para resolução de conflitos nos contratos a celebrar?

Sim, é possível. No entanto, tal escolha poderá encontrar-se sujeita a algumas restrições legais, dependendo da matéria em causa ou do setor de atividade.

30. Existem requisitos específicos em matéria de proteção do consumidor aplicáveis aos serviços de *cloud computing*?

Decorrentes do facto de serem serviços *cloud*, não. As especificidades que existem resultam do eventual meio utilizado para a contratação (nomeadamente se este for à distância – incluindo a Internet – ou fora do estabelecimento comercial).

31. Em que medida as considerações legais tecidas no guia se alteram caso, em vez de serviços *cloud*, um cliente pretenda adquirir serviços semelhantes num modelo de *outsourcing* para um centro de dados tradicional (não *cloud*) de um terceiro?

As considerações legais aplicam-se a ambos os casos, visto a lei vigente não diferenciar modelos tecnológicos de serviços informáticos. Temas como a lei aplicável, a proteção de dados pessoais, a localização dos dados e do Prestador de Serviços ou a segurança da informação, teriam de ser também considerados no caso do dito cenário de *outsourcing* de serviços informáticos para um centro de dados, não *cloud*, de um terceiro. Contudo, serão naturalmente diferentes

CLOUD – A LEI E A PRÁTICA

os requisitos técnicos a especificar pelo cliente aquando da contratação dos serviços, pelo facto de as soluções propostas serem muito diferentes entre si.

32. Que preocupações devem existir na proteção da propriedade intelectual armazenada na *cloud*?

O Cliente deverá verificar se existem disposições específicas sobre este tema no contrato de prestação de serviços do(s) Prestador(es) de Serviços *cloud* em análise. Se nada estiver estabelecido em contrário, a lei portuguesa considera que a propriedade intelectual sobre o *software* pertence à entidade que encomenda ou para quem é feito o trabalho. Outro ponto a ter em conta pelo Cliente é o de saber se os termos e condições do serviço *online* preveem o direito de o Prestador de Serviços utilizar, para os seus fins ou de outros, a propriedade intelectual armazenada.

ANEXOS

Anexo I | Mercado Único Digital

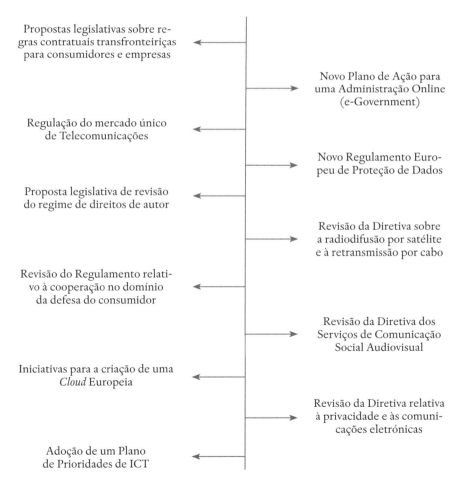

CLOUD – A LEI E A PRÁTICA

Três Pilares – Exemplos do Caminho Percorrido

Acesso	Ambiente	Economia Digital
– Proposta de diretiva relativa a determinados aspetos dos contratos de fornecimento de conteúdos digitais;	– Consulta pública relativa à oferta de serviços de comunicação social audiovisual (SCSA);	– Proposta de regulamento que estabelece medidas respeitantes ao acesso à Internet aberta;
– Proposta de diretiva relativa a determinados aspetos dos contratos de compra e venda de outros bens em linha ou à distância;	– Consulta pública sobre o novo quadro regulamentar das comunicações eletrónicas;	– Proposta de regulamento relativo à itinerância nas redes de comunicações móveis públicas da União;
– Proposta de regulamento sobre a portabilidade transfronteiriça de serviços de conteúdos em linha;	– Consulta pública sobre velocidade e qualidade da Internet;	– Consulta pública sobre normas do mercado único digital: definir prioridades e garantir resultados.
– Consulta pública relativa a determinadas disposições em matéria de direito de autor e direitos conexos aplicáveis à radiodifusão por satélite	– Proposta de diretiva relativa aos serviços de pagamento no mercado interno.	

Anexo II | Dados Sigilosos

Segredo de Estado e outras informações classificadas[1]	
A que se aplica o segredo de Estado	Às matérias, aos documentos e às informações cujo conhecimento por pessoas não autorizadas pode colocar em risco interesses fundamentais do Estado.
Quem efetua a classificação da informação	A classificação é efetuada pelo Presidente da República, Presidente da Assembleia da República, Primeiro-Ministro, Vice-Primeiros-Ministros e Ministros.
Efeitos da classificação como segredo de Estado	– Restrição de acesso a matérias, documentos ou informações classificadas, que só podem passar a ser acedidas pelos órgãos, serviços e pessoas devidamente autorizadas e adequadamente informadas sobre as formalidades, medidas de proteção, limitações e sanções estabelecidas para cada caso; – Proibição de acesso e limitação de circulação por pessoas não autorizadas a locais ou equipamentos de armazenamento de documentos e informações classificados; – Proibição de armazenamento de documentos e informações classificados fora dos locais ou equipamentos definidos para o efeito.

[1] De acordo com o Regime do Segredo de Estado, as Regras para a proteção de informações classificadas (SEGNAC's 1, 2, 3 e 4), o Acordo entre os Estados-Membros da União Europeia sobre a Proteção das Informações Classificadas Trocadas no Interesse da UE e as Convenções bilaterais entre Portugal e outros Estados.

CLOUD – A LEI E A PRÁTICA

Segredo de Estado e outras informações classificadas

Algumas obrigações aplicáveis aos Clientes (*i.e.*, as autoridades que pretendam alojar os seus dados na *Cloud*)	– A informação classificada deve estar devidamente protegida contra ações de sabotagem e de espionagem e contra fugas de informações ou quaisquer formas de divulgação; – Se a informação for segredo de Estado, o acesso apenas pode ser efetuado por pessoas devidamente autorizadas (autorização é concedida por quem classificou a informação), devendo ser implementadas as necessárias medidas de segurança de acordo com as regras SEGNAC.
Troca/partilha de dados	– A troca de dados entre os Estados-Membros e com as instituições da União Europeia está sujeita a determinadas regras, designadamente *(i)* a entidade ou Estado recetor deve assegurar um nível de proteção equivalente ao previsto nas regras e segurança do Conselho da UE; *(ii)* a entidade ou Estado recetor não pode desgraduar ou desclassificar as informações recebidas sem o consentimento da entidade de origem. Adicionalmente, o Estado emissor pode exigir o cumprimento de outros requisitos. – Em caso de perda de dados ou seu comprometimento, o Estado recetor investiga, devendo informar imediatamente a entidade emissora.
Obrigações aplicáveis ao Prestador de Serviços	– O Prestador de Serviços e os colaboradores do "*data center*" devem estar devidamente credenciados pelo Gabinete Nacional de Segurança (ver ponto VI do Capítulo 8 relativo à Credenciação de Segurança). – Relativamente às medidas de segurança a implementar no caso de informação classificada como segredo de Estado ou outra classificação, o Prestador de Serviços deverá assegurar o cumprimento das medidas necessárias indicadas pelos organismos competentes pelo processo de credenciação.

ANEXO II | DADOS SIGILOSOS

Segredo de Justiça[2]	

Regras gerais	– O segredo de justiça aplica-se a processos penais, sendo decidido pelo juiz de instrução.
	 – O acesso (incluindo consulta e cópia) a informação e a documentos administrativos (de órgãos de Estado, empresas públicas, autarquias, entre outras) é reconhecido a toda a qualquer pessoa. Existem contudo algumas limitações, das quais destacamos a informação protegida por segredo de justiça (bem como a informação classificada).
	 – O acesso/consulta a dados referentes a processos penais:
	   – Se protegidos por segredo de justiça ou segredo de Estado, só é permitido a determinadas pessoas (como sejam as partes no processo, os mandatários, os magistrados);
	   – Se não protegidos por segredo de justiça ou segredo de Estado, os dados podem ser acedidos pelo público em geral (publicação *online*);
	   – Pelo seu titular.

Algumas obrigações dos Clientes	– Assegurar o acesso à informação, com os limites acima indicados; – Garantir a segurança dos dados.

[2] O segredo de justiça é regulado pelo Código Penal e pelo Código de Processo Penal, pela Lei de Acesso aos Documentos da Administração Pública (Lei n.º 46/2007, de 24 de agosto) e pela Lei de tratamento de dados referentes ao sistema judicial (Lei n.º 34/2009, de 14 de julho).

Anexo III | Marcas e Graus de Segurança

Marcas	

O que é a Marca	– A Marca designa a indicação que visa facilitar a identificação e a origem da informação.
	– A informação classificada manipulada em Portugal tem várias proveniências:
	  • a criada em Portugal; e
	  • a originada em organizações de que Portugal faz parte, como a NATO, a União Europeia ("UE"), a *Western European Union* ("WEU") e a *European Space Agency* ("ESA").

Tipos de Marcas	Foram estabelecidas cinco Marcas: – NACIONAL; – NATO; – UE; – WEU; – ESA.
Graus de classificação de segurança	
O que são Graus de Classificação de Segurança	– Dentro de cada Marca, existem diversos Graus de Classificação de Segurança a atender. – O Grau de Classificação de Segurança indica a importância da informação, o nível de restrição ao seu acesso, o nível de proteção a que a mesma está sujeita, o fundamento para a respetiva marcação e o seu correto manuseamento durante o seu ciclo de vida.

CLOUD – A LEI E A PRÁTICA

Graus de classificação de segurança	

Quais os Graus existentes	– Estão estabelecidos Graus de Classificação de Segurança por cada Marca, com um significado próprio que, por demasiadamente detalhado, não pode aqui ser integralmente identificado.
	– A título de exemplo, indicamos os graus existentes nas Marcas NACIONAL; NATO E UE.
	– Na Marca NACIONAL existem os seguintes Graus:
	  • MUITO SECRETO;
	  • SECRETO;
	  • CONFIDENCIAL;
	  • RESERVADO;
	  • NÃO CLASSIFICADO.
	– Na Marca NATO existem os seguintes Graus:
	  • COSMIC TOP SECRET;
	  • NATO SECRET;
	  • NATO CONFIDENTIAL;
	  • NATO RESTRICTED;
	  • NATO UNCLASSIFIED.
	– Na Marca UE existem os seguintes Graus:
	  • TRÈS SECRET UE/EU TOP SECRET;
	  • SECRET UE;
	  • CONFIDENTIEL UE;
	  • RESTREEINT UE.

Designadores	
O que são Designadores	– Nas Marcas e nos Graus de Classificação de Segurança poderão ainda ser apostos designadores (como CRIPTO na Marca NACIONAL ou ATOMAL na MARCA NATO) para indicar o domínio abrangido pelo documento, uma distribuição específica com base no princípio da "necessidade de conhecer" ou, no caso de informação não classificada, para indicar o final de uma proibição. – Contudo, os designadores não constituem uma classificação de segurança e não podem ser utilizados como alternativa a esta.

Anexo IV | Descrição do Processo de Credenciação

1. O processo de credenciação (incluindo o respetivo controlo e revogação) é da competência do Gabinete Nacional de Segurança ("GNS")[3].
2. O GNS, dirigido pela Autoridade Nacional de Segurança, tem por missão garantir a segurança da informação classificada no âmbito nacional e das organizações internacionais de que Portugal é parte e exercer a função de autoridade de credenciação de pessoas e empresas para o acesso e manuseamento de informação classificada.
3. O GNS procede ainda ao registo, distribuição e controlo da informação classificada, garantindo que o material cripto é objeto de medidas específicas de segurança e administrado por canais diferenciados.
4. A credenciação relativamente às pessoas coletivas consiste num processo de verificação que visa atestar ou certificar a idoneidade e a confiabilidade de uma empresa para aceder, manusear, deter e guardar matéria ou informação classificada, com interesse para o exercício da sua atividade.
5. A credenciação deve ser detida (ou solicitada), com base no princípio da "necessidade de conhecer", sempre que essa condição seja requerida ou necessária a uma entidade, organização ou empresa em razão da participação em procedimento concursal de fornecimento de bens e/ou serviços, negociação ou execução de qualquer atividade industrial, tecnológica ou de investigação classificada.

---

[3] De acordo com o Decreto-Lei n.º 3/2012, de 16 de janeiro, alterado e republicado pelo Decreto-Lei n.º 69/2014, de 9 de maio.

CLOUD – A LEI E A PRÁTICA

6. Tratando-se de pessoas singulares, a credenciação visa atestar ou certificar a idoneidade e a confiabilidade de uma pessoa para aceder, manusear, deter e guardar matéria ou informação classificada, assente no princípio da "necessidade de conhecer", no quadro do exercício da atividade profissional que desenvolve.

7. Assim, a credenciação deve ser detida (ou solicitada) por quem, por razões de ordem profissional ou outra, necessite de estar envolvido em atividades que requeiram, impliquem ou permitam o acesso, manuseamento ou contacto com matérias, documentação ou informação classificada.

8. O processo de credenciação culmina sempre com uma declaração formal do GNS de atribuição ou não de uma credenciação de segurança a uma determinada pessoa, conjunto de pessoas ou entidade.

Anexo V | Critérios Materiais de Seleção do Ajuste Direto

Critérios Gerais	
Artigo 24.º, alíneas a) e b) do CCP	Embora por fundamentos diferentes em cada uma das alíneas, prevê a possibilidade de opção pelo ajuste direto nos casos em que os procedimentos lançados anteriormente para a celebração de determinado contrato tenham ficado desertos, no primeiro caso, por não se ter apresentado qualquer candidato ou concorrente ou, no segundo caso, por todas as propostas terem sido excluídas
Artigo 24.º, n.º 1, alínea c) do CCP	Permite a opção pelo ajuste direto em situações de urgência imperiosa, ou seja, por não ser possível, por facto não imputável à entidade adjudicante, dar cumprimento aos prazos inerentes aos demais procedimentos
Artigo 24.º, n.º 1, alínea d) do CCP	Permite a opção pelo ajuste direto quando a entidade adjudicante necessite de uma prestação destinada, a título principal, a permitir-lhe a prestação ao público de um ou mais serviços de telecomunicações, definidos na Diretiva 2004/18/CE como os *"serviços que consistem, no todo ou em parte, na transmissão e encaminhamento de sinais na rede pública de telecomunicações mediante processos de telecomunicações, com exceção da radiodifusão e da televisão"*.
Artigo 24.º, n.º 1, alínea e) do CCP	Permite a opção pelo ajuste direto nos casos em que só exista uma entidade técnica, artística ou juridicamente habilitada a realizar a prestação pretendida pela entidade adjudicante, unicidade que se tem de apurar ao nível de todo o espaço comunitário.

Critérios Gerais	
Artigo 24.º, n.º 1, alínea f) do CCP	Permite a opção pelo ajuste direto nas seguintes situações: – Contratos classificados como secretos por razões militares, por exemplo ao abrigo do regime da Lei n.º 6/94, de 7 de abril, sendo entendimento da doutrina o de que não basta que as matérias em causa sejam classificadas como confidenciais; – Contratos cuja execução deva ser acompanhada de medidas de segurança, em áreas de acesso reservado, por exemplo; – Para a defesa de interesses essenciais do Estado em situações concretas de sua ameaça, como pode suceder em matéria de relações internacionais, de defesa e segurança pública, de saúde pública, de imperativos de interesse geral, para assegurar o funcionamento de órgãos de soberania ou o início do ano escolar, para acorrer a uma calamidade ambiental causada pela utilização de equipamentos obsoletos, etc.

Critérios Específicos dos Contratos de Prestação de Serviços	
Artigo 27.º, alínea a) do CCP	Prevê a possibilidade de opção pelo ajuste direto nos casos de aquisições e novos serviços que consistam na repetição de serviços similares objeto de contrato anteriormente celebrado pela mesma entidade adjudicante, desde que *(i)* esses serviços estejam em conformidade com uma base comum, *(ii)* aquele contrato tenha sido celebrado, há menos de 3 anos, na sequência de concurso público ou de concurso limitado por prévia qualificação, *(iii)* o anúncio do concurso tenha sido celebrado no JOUE e o valor do contrato seja igual ou superior ao valor referido na alínea b) do artigo 20.º e *(iv)* a possibilidade de recurso ao ajuste direto tenha sido indicada no programa.
Artigo 27.º, alínea b) do CCP	Prevê a possibilidade de opção pelo ajuste direto nos casos em que a natureza das prestações, nomeadamente as inerentes a serviços de natureza intelectual ou a serviços financeiros, indicados na categoria 6 do Anexo II-A da Diretiva 2004/18/CE não permita a elaboração de especificações contratuais suficientemente precisas para que sejam qualitativamente definidos os atributos que permitam fixar um critério de adjudicação das propostas nos termos do disposto na alínea a) do n.º 1 do artigo 74.º do CCP e desde que a definição quantitativa, no âmbito de um procedimento de concurso, de outros atributos das propostas seja desadequada a essa fixação tendo em conta os objetivos da aquisição pretendida.

ANEXO V | CRITÉRIOS MATERIAIS DE SELEÇÃO DO AJUSTE DIRETO

Critérios Específicos dos Contratos de Prestação de Serviços	
Artigo 27.º, alínea c) do CCP	Prevê a possibilidade de opção pelo ajuste direto quando se trate de serviços relativos à aquisição ou à locação de quaisquer bens imóveis, ou a direitos sobre esses bens, independentemente da respetiva modalidade financeira, salvo os contratos de prestação de serviços financeiros celebrados simultânea, prévia ou posteriormente ao contrato de aquisição ou de locação, seja qual for a sua forma.
Artigo 27.º, alínea d) do CCP	Prevê a possibilidade de opção pelo ajuste direto quando se trate de serviços de arbitragem e de conciliação.
Artigo 27.º, alínea e) do CCP	Prevê a possibilidade de opção pelo ajuste direto quando se trate de serviços de investigação e de desenvolvimento, com exceção daqueles cujos resultados se destinem exclusivamente à entidade adjudicante para utilização no exercício da sua própria atividade, desde que a prestação do serviço seja inteiramente remunerada pela referida entidade adjudicante.
Artigo 27.º, alínea f) do CCP	***Revogada pelo Decreto-Lei n.º 149/2012, de 12 de julho*** *– que se referia a serviços informáticos de desenvolvimento de software e de manutenção ou assistência de equipamentos.*
Artigo 27.º, alínea g) do CCP	Prevê a possibilidade de opção pelo ajuste direto quando o contrato, na sequência de um concurso de conceção, deva ser celebrado com o concorrente selecionado ou com um dos concorrentes selecionados nesse concurso, desde que tal intenção tenha sido manifestada nos respetivos termos de referência e de acordo com as regras nele estabelecidas.
Artigo 27.º, alínea g) do CCP	Prevê a possibilidade de opção pelo ajuste direto quando se trate de adquirir serviços ao abrigo de um acordo quadro.

Anexo VI | Legislação e Demais Documentação Analisada

1. Legislação e Convenções

- Decreto-Lei n.º 446/85, de 25 de outubro (Regime das Cláusulas Contratuais Gerais), alterado e republicado pelo Decreto-Lei n.º 323/2001, de 17 de dezembro;
- Lei n.º 24/96, de 31 de julho, na redação da Lei n.º 47/2014, de 28 de julho (Lei de Defesa do Consumidor);
- Decreto-Lei n.º 24/2014, de 14 de fevereiro (Regime Jurídico dos Contratos Celebrados à Distância ou Fora do Estabelecimento Comercial);
- Decreto-Lei n.º 7/2004, de 7 de janeiro (Regime Jurídico do Comércio Eletrónico), alterado pela Lei n.º 46/2012, de 29 de agosto;
- Código Civil, aprovado pelo Decreto-Lei n.º 47 344, de 25 de novembro de 1966;
- Código de Processo Civil, aprovado pela Lei n.º 41/2013, de 26 de junho;
- Regulamento (CE) n.º 593/2008 do Parlamento Europeu e do Conselho, de 17 de junho de 2008, sobre a lei aplicável às obrigações contratuais (Regulamento "Roma I");
- Regulamento (UE) n.º 1215/2012 do Parlamento Europeu e do Conselho, de 12 de dezembro de 2012, relativo à competência judiciária, ao reconhecimento e à execução de decisões em matéria civil e comercial – aplicável apenas às ações judiciais intentadas, aos instrumentos autênticos formalmente redigidos ou registados e às transações judiciais aprovadas ou celebradas em 10 de janeiro de 2015 ou em data posterior;

CLOUD – A LEI E A PRÁTICA

- Regulamento (CE) n.º 44/2001 do Conselho, de 22 de dezembro de 2000, relativo à competência judiciária, ao reconhecimento e à execução de decisões em matéria civil e comercial, com as suas sucessivas alterações (Regulamento "Bruxelas I") – aplicável às decisões proferidas em ações judiciais intentadas, aos instrumentos autênticos formalmente redigidos ou registados e às transações judiciais aprovadas ou celebradas antes de 10 de janeiro de 2015 e abrangidas pelo âmbito de aplicação daquele Regulamento;
- Convenção sobre o Reconhecimento e a Execução de Sentenças Arbitrais Estrangeiras – a Convenção de Nova Iorque sobre o Reconhecimento e Execução de Sentenças Arbitrais de 1958 ("CNI 1958") que vigora na ordem jurídica portuguesa desde 16 de janeiro de 1995;
- Lei n.º 67/98, de 26 de outubro (Lei de Proteção de Dados Pessoais – "LPDP"), alterada pela Lei n.º 103/2015, de 24 de agosto;
- Diretiva 95/46/CE do Parlamento Europeu e do Conselho, de 24 de outubro (Diretiva de Proteção de Dados Pessoais – "Diretiva 95/46/CE");
- Diretiva 2002/58/CE do Parlamento Europeu e do Conselho, alterada pela Diretiva 2009/136/CE ("Diretiva e-Privacy");
- Lei n.º 46/2012, de 29 de agosto, que altera e republica a Lei n.º 41/2004, de 18 de agosto, relativa ao tratamento de dados pessoais e à proteção da privacidade no setor das comunicações eletrónicas ("Lei n.º 46/2012");
- Decreto-Lei n.º 63/85, de 14 de março (Código do Direito de Autor e dos Direitos Conexos);
- Decreto-Lei n.º 252/94, de 20 de outubro (Regime de Proteção Jurídica dos Programas de Computador), alterado pelo Decreto-Lei n.º 334/97, de 27 de novembro, o qual transpõe para a ordem jurídica interna a Diretiva n.º 93/98/CEE, do Conselho, de 29 de outubro, relativa à harmonização do prazo de proteção dos direitos de autor e de certos direitos conexos;
- Lei Orgânica n.º 2/2014, de 6 de agosto, que aprova o Regime do Segredo de Estado, alterado pela Lei Orgânica n.º 1/2015, de 8 de janeiro;
- Lei Orgânica n.º 3/2014, de 6 de Agosto, que cria a Entidade Fiscalizadora do Segredo de Estado – "EFSE", alterada e republicada pela Lei Orgânica n.º 12/2015, de 28 de agosto;

ANEXO VI | LEGISLAÇÃO E DEMAIS DOCUMENTAÇÃO ANALISADA

- Regras para a proteção de informações classificadas (SEGNACs 1, 2, 3 e 4);
- Acordo entre os Estados-Membros da União Europeia sobre a Proteção das Informações Classificadas Trocadas no Interesse da União Europeia;
- Convenções bilaterais entre Portugal e outros Estados;
- Decreto-Lei n.º 3/2012, de 16 de janeiro, alterado e republicado pelo Decreto-Lei n.º 69/2014, de 9 de maio, que aprova a orgânica do Gabinete Nacional de Segurança, estabelecendo os termos do funcionamento do Centro Nacional de Cibersegurança;
- Código Penal (aprovado pelo Decreto-Lei n.º 400/82, de 23 de setembro, e revisto e republicado pelo Decreto-Lei n.º 48/95, de 15 de março);
- Código de Processo Penal (aprovado pelo Decreto-Lei n.º 78/87, de 17 de fevereiro, na redação dada pela Lei Orgânica n.º 2/2014, de 6 de agosto);
- Lei n.º 46/2007, de 24 de agosto (Lei de Acesso aos Documentos da Administração Pública), com as subsequentes alterações;
- Lei n.º 34/2009, de 14 de julho (Lei de tratamento de dados referentes ao sistema judicial);
- Código do Direito de Autor e dos Direitos Conexos, aprovado pelo Decreto-Lei n.º 63/85, de 14 de março, alterado pela Lei n.º 32/2015, de 24 de abril, a qual transpõe para a ordem jurídica interna o disposto na Diretiva n.º 2012/28/EU, do Parlamento Europeu e do Conselho, de 25 de outubro, relativa a determinadas utilizações permitidas de obras órfãs;
- Constituição da República Portuguesa ("CRP");
- Código do Procedimento Administrativo ("CPA"), a provado pela Lei n.º 4/2015, de 4 de janeiro;
- Código dos Contratos Públicos, aprovado pelo Decreto-Lei n.º 18/2008, de 29 de janeiro, com as subsequentes alterações;
- Decreto-Lei n.º 127/2012, de 21 de junho ("Lei dos Compromissos"), alterado pela Lei n.º 22/2015, de 17 de março;

CLOUD – A LEI E A PRÁTICA

- Lei n.º 8/2012, de 21 de fevereiro de 2012 (que aprova as regras aplicáveis à assunção de compromissos e aos pagamentos em atraso das entidades públicas, disciplinada pela Lei dos Compromissos);
- Lei de Organização e Processo do Tribunal de Contas (Lei n.º 98/97, de 26 de agosto – "LOPTC", alterada pela Lei n.º 20/2015, de 9 de março);
- Lei n.º 19/2012, de 8 de maio (Lei da Concorrência);
- Artigo 102.º do Tratado sobre o Funcionamento da União Europeia ("TFUE"), disposição que proíbe os abusos de posição dominante;
- Decreto-Lei n.º 166/2013, de 27 de dezembro, que aprova o regime aplicável às práticas individuais restritivas do comércio, alterado pelo Decreto-Lei n.º 220/2015, de 8 de outubro;
- Decreto-Lei n.º 151/2015, de 6 de agosto, que cria a Rede Operacional de Serviços Partilhados de Tecnologias de Informação e Comunicação da Administração Pública (RSPTIC);
- Resolução do Conselho de Ministros n.º 36/2015, de 12 de junho, que aprova a Estratégia Nacional de Segurança do Ciberespaço (Eixo 3, n.º1).
- Lei n.º 144/2015, de 8 de setembro que estabelece o enquadramento jurídico dos mecanismos de resolução extrajudicial de litígios de consumo, transpondo a Diretiva 2013/11/UE, do Parlamento Europeu e do Conselho, de 21 de maio de 2013, sobre a resolução alternativa de litígios de consumo

2. Outra Documentação

- Orientações da Comissão Europeia relativas aos Níveis de Serviço na Cloud ("Cloud Service Level Agreement Standardisation Guidelines"), de 24 de junho de 2014;
- Standards internacionais de privacidade e segurança aprovados pela International Organization for Standardization ("ISO") e pela International Electrotechnical Commission ("IEC"), tais como o ISO/IEC 17788:2014 (com visão geral e vocabulário sobre o Cloud Computing), os ISO/IEC

ANEXO VI | LEGISLAÇÃO E DEMAIS DOCUMENTAÇÃO ANALISADA

27017 e 27018:2014, e o ISO/IEC 27001:2013 e o ISO/IEC 27002:2013 sobre os requisitos e técnicas de segurança da informação;

– *Secure Use of Cloud Computing in the Finance Sector – Good practices and recommendations*, da *European Network and Information Security Agency* ("ENISA"), de dezembro de 2015;

– *Cloud Security Guide for SMEs – Cloud computing security risks and opportunities for SMEs*, da ENISA, de abril de 2015;

– *Security Framework for Governmental Clouds*, da ENISA, de fevereiro de 2015;

– *Good Practice Guide for securely deploying Governmental Clouds*, da ENISA, de 2013;

– *Procure Secure – A guide to monitoring of security service levels in cloud contracts*, da ENISA, de 2012;

– *Security & Resilience in Governmental Clouds – Making an Informed Decision*, da ENISA, de janeiro de 2011;

– *Cloud Computing – Benefits, Risks and Recommendations for Information Security*, da ENISA, de novembro de 2009;

– *Opinion of the European Data Protection Supervisor on the Commission's Communication on "Unleashing the potential of Cloud Computing in Europe"*, da Autoridade Europeia para a Proteção de Dados (*European Data Protection Supervisor* – "EDPS"), de 16 de novembro de 2012;

– Comunicação *"Unleashing the Potential of Cloud Computing in Europe"*, emitida pela Comissão Europeia em 27 de setembro de 2012 ("Explorar plenamente o potencial da computação em nuvem na Europa");

– Comunicação da CNPD sobre Transferências de Dados pessoais para os EUA de 23 de outubro de 2015;

– Deliberação da CNPD n.º 1770/2015 relativa ao procedimento de análise dos Acordos Intragrupo (IGA) para transferências de dados para fora da União Europeia, de 10 de novembro de 2015;

– Pareceres do Grupo de Trabalho do Artigo 29.º, um organismo consultivo europeu em matéria de proteção de dados e privacidade composto pelas Autoridades de Proteção de Dados dos Estados-Membros da União Europeia ("Grupo do Artigo 29.º"):

  – Declaração sobre a execução do Acórdão do Tribunal de Justiça da União Europeia de 6 de outubro de 2015 no caso Maximillian

CLOUD – A LEI E A PRÁTICA

Schrems *vs* Autoridade de Proteção de dados da Irlanda (C-362-14), de 16 de outubro de 2015;

- Parecer 2/2015 sobre um código de conduta em matéria de proteção de dados para provedores de serviços *cloud*, de 22 setembro de 2015;
- Parecer 05/2014 sobre técnicas de anonimização, de 10 de abril de 2014;
- Parecer 3/2014 relativo à notificação da violação de dados pessoais, de 25 de março de 2014;
- Parecer 08/2012, que presta um contributo suplementar ao debate sobre a reforma em matéria de proteção de dados, de 5 de outubro de 2012;
- Parecer 05/2012 sobre computação em nuvem, de 1 de julho de 2012;
- Parecer 01/2012 sobre as propostas de reforma em matéria de proteção de dados, de 23 de março de 2012;
- Parecer 8/2010 sobre a lei aplicável, de 16 de dezembro de 2010;
- Parecer 1/2010 sobre os conceitos de "responsável pelo tratamento" e "subcontratante", de 16 de fevereiro de 2010;
- Parecer 4/2007 sobre o conceito de dados pessoais, de 20 de junho de 2007;
- Decisão da Comissão Europeia de 5 de fevereiro de 2010 relativa a cláusulas contratuais-tipo aplicáveis à transferência de dados pessoais para subcontratantes estabelecidos em países terceiros nos termos da Diretiva 95/46/CE do Parlamento Europeu e do Conselho (Cláusulas contratuais-tipo 2010/87/EU);
- Decisão da Comissão Europeia de 26 de julho de 2000, nos termos da Diretiva 95/46/CE do Parlamento Europeu e do Conselho e relativa ao nível de proteção assegurado pelos princípios de «porto seguro» e pelas respectivas questões mais frequentes (FAQ) emitidos pelo *Department of Commerce* dos Estados Unidos da América ("Decisão Safe Harbor");
- Consulta Pública promovida pela Entidade de Serviços Partilhados da Administração Pública ("ESPAP") quanto ao "Acordo Quadro de serviços de computação em nuvem";

ANEXO VI | LEGISLAÇÃO E DEMAIS DOCUMENTAÇÃO ANALISADA

- *"Plano global estratégico de racionalização e redução de custos nas TIC na Administração Pública – Horizonte 2012-2016"*, aprovado pelo Governo português em janeiro de 2012;
- Proposta de Regulamento Europeu de Proteção de Dados, apresentada pela Comissão Europeia em 25 de Janeiro de 2012 e objeto de processo legislativo;
- Proposta de Regulamento do Parlamento Europeu e do Conselho, Relativo a um Direito Europeu Comum da Compra e Venda optativo [COM(2011) 635 final] (*"Common European Sales Law"* ou "CESL");
- Proposta de Diretiva do Parlamento Europeu e do Conselho, relativa a medidas destinadas a garantir um elevado nível de segurança comum das redes e da informação em toda a União ([COM(2013) 48 final]), de 7 de fevereiro de 2013 (a "Diretiva SRI");
- Proposta de Diretiva do Parlamento Europeu e do Conselho sobre certos aspetos relativos aos contratos de fornecimento de conteúdos digitais [COM(2015) 634 final 2015/0287(COD)], de 9 de dezembro de 2015;
- Proposta de Diretiva do Parlamento Europeu e do Conselho relativa a determinados aspetos dos contratos de compra e venda de outros bens em linha ou à distância [COM(2015) 635 final 2015/0288 (COD)], de 9 de dezembro de 2015;
- Proposta de Regulamento do Parlamento Europeu e do Conselho sobre a portabilidade transfronteiriça de serviços de conteúdos em linha [COM(2015) 627 final 2015/0284 (COD)], de 9 de dezembro de 2015;
- Relatório da Comissão Europeia, publicado a 28 de fevereiro de 2013, resultante da consulta pública sobre as regras para os dispositivos eletrónicos inteligentes;
- *Cloud Confidence* (ebook), da Microsoft, de 2015;
- *Termos dos Serviços Online*, da Microsoft, de janeiro de 2016.